实海域船舶性能测试与分析技术

赵大刚　郭春雨　李嘉宁　韩　阳　著

哈尔滨工程大学出版社
Harbin Engineering University Press

内容简介

本书详细介绍了实海域25 m大尺度船模性能测试与分析技术，包括阻力、自航试验方案的设计和论证、自航模试验平台的建设、测试系统的搭建、测试数据的不确定度分析等，构建了大尺度船舶实海域综合测试系统，建立了实海域综合测试方法。实海域大尺度船模性能测试作为一种新的测试技术，在解决船模尺度效应、模拟实船航行条件等问题上具有很大优势。

本书可供对船舶与海洋工程模型试验测试技术有一定基础和了解的研究生、教师和科研人员使用。对于拟计划通过实海域大尺度船模测试技术开展的科学研究及工程应用，可为其提供一定的试验测试及分析技术参考。

图书在版编目(CIP)数据

实海域船舶性能测试与分析技术/赵大刚等著. —哈尔滨：哈尔滨工程大学出版社，2021.5

ISBN 978-7-5661-3043-3

Ⅰ.①实… Ⅱ.①赵… Ⅲ.①船舶性能-测试技术 Ⅳ.①U661

中国版本图书馆CIP数据核字(2021)第073302号

实海域船舶性能测试与分析技术
SHIHAIYU CHUANBO XINGNENG CESHI YU FENXI JISHU

选题策划 刘凯元
责任编辑 卢尚坤 刘海霞
封面设计 李海波

出版发行 哈尔滨工程大学出版社
社　　址 哈尔滨市南岗区南通大街145号
邮政编码 150001
发行电话 0451-82519328
传　　真 0451-82519699
经　　销 新华书店
印　　刷 北京中石油彩色印刷有限责任公司
开　　本 787 mm×960 mm 1/16
印　　张 10.25
字　　数 189千字
版　　次 2021年5月第1版
印　　次 2021年5月第1次印刷
定　　价 58.00元

http://www.hrbeupress.com
E-mail:heupress@hrbeu.edu.cn

前　　言

在船舶工程领域，船模试验是一种极为重要的研究方法，是验证、预报新设计船舶各项航行性能所需数据和资料的主要途径，有着不可替代的作用。船舶在其设计、制造以及使用过程中均须进行模型试验研究，以保证其航行性能、水动力性能满足设计要求。

一般而言，船模试验在实验室环境下开展，最大优点是可将船模置于人为可控的环境下进行试验，且可重复，不受自然环境的约束和影响，人力、物力、时间和经费等投入相对较低；而缺点同样明显，试验过程由于场地限制，尺寸过量缩减造成试验结果与实船的对应数据存在差异；与此同时，实验室环境与真实海洋环境相比，无论是液相、气相还是空间分布等条件均无法实现真正意义上的相似。实船试验虽然是最真实可靠的验证手段，但对于一个耗资巨大、科技含量高的船舶实施试验要投入大量的人力、物力和财力，高海况、危险工况等条件下，试验更是难以实施。因此，急切需要一种真实有效且便于操作的新型研究方法来分析高性能水面船舶的真实性能，为设计和操作提供可靠的依据，弥补现有研究方法的不足。近年来，通过使用缩尺比，介于水池船模和实船之间的适当缩尺模型在自然水域开展水动力性能响应特征研究的新型试验技术——大尺度船舶实海域测试技术应运而生。

本书以一条 25 m 大尺度船模在实海域开展的船舶快速性、耐波性、操纵性等一系列试验为例，旨在探讨实海域船舶试验测试技术应用相关的各个方面，探索和论证实海域船模水动力性能测试技术的可行性、可靠性和相对应的实船水动力性能预报方法，为更深入研究船舶水动力性能提供一套更准确可靠的新型试验技术，形成一套实海域船舶性能及安全性测试规程，为国内开展真正意义上的大尺度船舶实海域测试技术奠定基础。

本书较系统地给出了如何规划、实行和理解与实海域船舶测试试验相关的大多数信息，其中主要包含自航模试验平台的设计与制造、测试系统的设计、试验方案论证、试验过程及结果的不确定度分析、突发事故应急处理等内容。我们希望本书能将作者团队多年来积累的技术知识传递给读者，帮助研究者在初涉该领域时避免一些常遇的错误，使读者在大尺度船舶实海域测试试验研究过程中，采用恰当的试验方法以获取高质量的测试结果。

本书共 10 章，第 1 章由郭春雨编写，第 2 章由韩阳编写，第 3 章由李嘉宁编写，第 4 ~ 10 章由赵大刚编写。全书由赵大刚统稿，郭春雨主审。同时感谢汪瑜玮、林洪志、钟祥海、林健峰为本书编写所做的工作。

感谢哈尔滨工程大学出版社对本书出版过程中给予的支持和帮助，限于作者的学术水平，书中不可避免存在漏洞和错误，敬请学界同人批评指正。

著　者

2021 年 1 月

目　录

第1章　绪　　论

1.1　开展实海域船舶性能测试的意义

随着资源、能源的日益短缺和国际船舶能效设计指数(energy efficiency design index,EEDI)时代的发展,传统常规的船舶设计工作、工艺技术等已经不能完全满足现阶段法规对船舶的各项需求,亟须研究高效、经济、可靠的新技术推动船舶与海洋事业的前进和发展。船舶,作为海洋、江河最基本、最经济的运输载体,在真实环境中的航行性能一直是研究者关注的热点。然而由于船舶是一个在复杂流体环境中运动的载体,要准确掌握其综合性能是比较困难的。目前在船舶行业内,学者使用的研究方法主要有:理论研究方法(TFD)、物理模型试验方法(EFD)、数值模拟计算方法(CFD)。这些方法虽为船舶性能分析、新船型开发、高性能船舶设计等方面提供很多技术支持和参考,但是现阶段这些研究方法存在着不可避免的不足和劣势。船舶水动力学理论研究受基本假设的局限,存在诸多缺陷,大部分情况很难解出结果。物理模型水池,如船模拖曳水池、耐波性水池等受尺度及功能限制,特别是风浪环境模拟的局限,使得模型试验与实船航行的环境、运动响应及航行姿态等都有较大差别。实船试验虽然是最真实可靠的验证手段,但对于一个耗资巨大而建的高科技含量的船舶实施海试要投入大量的人力、物力和财力,对于高海况、危险工况等试验很难实施。数值模拟计算方法,依靠计算机技术的发展,成本低、实施容易,避免了船舶尺度效应等因素限制,但其模拟过程受到物理模型、参数设置、网格质量等的局限。因此,急切需要一种真实有效且便于操作的新型试验方法,来研究、分析高性能水面船舶的真实性能,为设计和操作提供可靠的依据,弥补现有研究方法的不足。通过使用缩尺比,介于水池船模和实船之间的适当缩尺模型在自然海域开展水动力性能响应特征研究的新型试验技术——大尺度船舶实海

域测试技术应运而生。这一新型试验技术既综合了水池模型试验和实船海试的共同优点,同时又具备自身独特的优势:

(1)大尺度船模试验可以在近海风浪环境中模拟实船在实际海况中的航行性能,船舶航行时6自由度不受约束,运动响应特征更加真实,且不受水池功能与尺度的限制,极大程度减小了模型尺度效应、水池阻塞效应、池壁效应的影响。

(2)模型的上层建筑和舭龙骨等附体,以及实海域中的风、浪、流的联合作用都可考虑进来,可在自然海域中开展大风浪环境下的船舶性能试验。

(3)大尺度船模实海域测试技术利用率极高,可开展研究的试验内容非常丰富,包括稳性、浮性、抗沉性、耐波性、结构疲劳、波浪载荷、快速性、操纵性、水下爆炸等,可完成复杂及危险工况下的试验研究,一些高风险的实船试验内容可由大尺度船模试验来替代完成。

(4)相比实船试验,实海域大尺度船模试验成本较低、周期短、模型运输方便;相比水池试验,节省了建造水池主体、航车和造波机等昂贵硬件设施的成本。

(5)可作为科学试验验证手段,较完整地完成船舶性能信息的测试,为研究船舶水动力性能、航行性能、结构性能等提供科学可靠的分析方法。

实际海浪环境下,大尺度模型物理仿真试验是求解船舶在实际海浪环境下各方面性能的有效途径,对研究高性能新船型、分析船舶各方面性能(如结构、作战、快速性等)、平台综合性能及使用效能评估提供更加科学、准确、可靠的技术支撑,对解决模型试验的外推技术也将起到关键作用,将使我国船舶水动力试验技术上升一个新的台阶,对船舶水动力性能研究及船舶设计技术发展具有重要的理论意义和应用价值。

1.2 实海域船舶性能测试技术的发展

1.2.1 国外研究现状

实海域大尺度船模试验技术方面,欧美国家起步较早。目前,大尺度船舶实海域测试技术主要集中在美国、英国、希腊、意大利等欧美国家,试验成果较显著,试验内容和测试经验也非常丰富。

法国戴高乐号航母在研制阶段就开展了大尺度航母模型的综合性能及相关技术的海试试验研究，这对航母的设计、试验、建造、性能提高起到了重要作用。近年，欧洲共同体国家为研究船舶在恶劣海况下的安全性、环境适用性，相继开展了大量的大尺度模型（5～11 m）在实际海浪环境下的仿真试验。

美国学者在船舶实海域测试方面积累了丰富的试验数据和试验经验，极大改善了舰船性能，提高了设计新船型和开发高性能船舶的能力。美国海军朱姆沃尔特级驱逐舰 DDG－1000 在设计阶段多次开展实海域船模测试试验，试验船模长度为 45 m、宽度为 6 m、设计吃水 2.125 m，选用的缩尺比 $\lambda=4$，海试模型设计排水量约 220 t、空船质量约 90 t，如图 1.1 所示。该 45 m 模型测试内容十分丰富，包括舰船 6 个自由度的运动性能、波浪下的结构载荷、水下爆炸等一系列水动力性能和结构性能分析，同时基于该试验船模平台对舰载机迫降、人为因素对海战的影响等展开分析研究。

图 1.1 美国海军 DDG－1000 试验船模

雅典国家技术大学（NTUA）在大尺度模型试验方面做了大量的研究，涉及诸多方面，如船舶的阻力和推进试验（包括阻力测试、自航测试、尾流场测试）、耐波性试验（包括船舶运动的测量、耐波性事件的测量、波浪增阻的测量、实时观测结果）、操纵性试验等。对于某些高性能船，诸如气垫船、地效翼船等，他们都已可以进行模型上的人工实时操纵。

2004 年，希腊学者 Grigoropoulos 等人在遮蔽海域开展了大尺度船模水动力性能试验，主要对舰船耐波性进行研究，如图 1.2 所示。实海域试验平台由测量系统、航行定位系统、动力系统、海域信息采集系统等4大部分组成。船模测量系统主要测量模型的航行轨迹、运动速度、桨轴转矩、电机转速和电压等信息参数；船模轴系上安装了测量转矩的法兰装置，实现了对桨轴转矩的实时测量和记录。航行定位系统基于卫星定位系统，实现了对船模航行轨迹和运动速度的测量，同时可以实时记录船舶的位置信息。船模动力系统为电力推进，由船上发电机组带动双桨轴旋转，提供船模的航行动力，通过调节电机输出电压控制船模的航速，实现船模在不同航速下的耐波性测试。海域信息采集系统包含浪高仪和流量计，进行船模所遭遇海浪的浪级、浪向、风速等信息的测量、采集、记录。

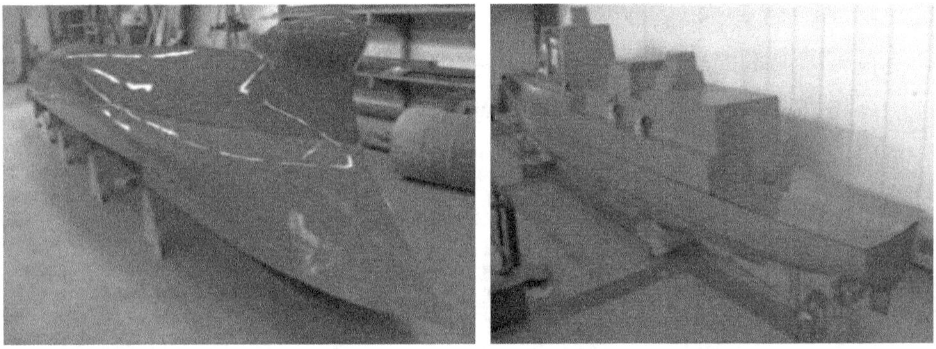

图1.2　希腊学者 Grigoropoulos 的试验船模

2013年，意大利学者 Coraddu 等人在静水湖泊对一条装有2个螺旋桨的大尺度船模的推进性能进行了测试，如图1.3所示。试验船模长7.2 m、宽0.96 m、设计吃水是0.295 m，主要由测量系统、动力系统、定位系统等组成。这次试验在意大利某火山湖内开展，湖面平静开阔、水深适宜、周边没有影响通航的障碍物，非常有利于开展船舶静水试验研究。试验内容主要包括船舶回转半径的测量、Z形折线运动、螺旋线测量、不同航速和舵角下的桨轴功率等。在每根桨轴上安装了测力计测量螺旋桨的推力和扭矩；基于全球卫星导航系统（GPS）、惯性测量单元（IMU）等定位设备进行船舶航速、轨迹的测量和记录；船模动力系统由柴油机驱动，艉轴完全模拟实船的轴系布置，每根桨轴均连接一个无刷电机和减速箱，来保证船模轴系传递的流畅性、高效性。他们通过对船模操纵性方面的试验研究，更加了解了船模的推进性能，为设计性能更优良的船舶提供了有力支持。意大利学者 Fossati 针对一条长为9.99 m的游艇也进行了实海域中的运动和波浪载荷试验研究，如图

1.4 所示。

图 1.3　意大利学者 Coraddu 的试验船模

图 1.4　意大利学者 Fossati 的试验船模

实船的推进性能通常是通过小尺度船模的模型试验得到的推进因子来预测，了解实际海况下的实船推进性能和特点，对于实船推进性能预测的改进是十分必要的。2008 年和 2010 年，日本的学者 Kayano 等人开展了长 105 m 实船的海上试验，该试验研究了各种天气和海况下，船舶的功率曲线和自航推进因子特性，得到了船舶在实际海况下的推进性能和特点。

2015 年，英国学者 Camilleri 等人为了研究高速滑行艇在波浪中的冲击特性及相应的刚体和结构响应，在一条长 9.6 m 的高速滑行艇上进行了海上试验，测量了不同海况、不同航速和航向下船体的加速度、压力、应变和总挠度，并利用商业软件对全尺寸高速滑行艇进行了三维数值模拟；借助数值结果与海试试验结果对滑行艇结构设计中的砰击载荷进行了评估。

2020 年，克罗地亚学者 Andrija 等人对克罗地亚海军的一条长 43.5 m 的海岸巡逻艇进行了海上的耐波性测试，该试验的目的是确认船舶的航行性能、船舶设计的好坏、设备的运行情况、船用设备的选择等。他们在不同航速和不同的迎浪角度下分别测试了船舶的水动力性能，试验结果为具有优良耐波性能的海岸巡逻艇的优化设计提供了依据。

1.2.2 国内研究现状

在实际海浪环境下进行大尺度自航模型物理仿真试验，难度是相当大的。国内在大尺度船模实海域测试技术研究方面起步较晚，目前只有少数科研单位、高校团队合作开展过这一新型试验技术，可借鉴的资料较少，试验内容主要研究静水环境（湖泊、水库）海上结构物（如船模或潜艇）的快速性、操作性，近海区域结构物的耐波性、操纵性等。

哈尔滨工程大学船舶环境适应性研究中心，在 2006 年夏天，采用某舰船作为母型制作了大尺度模型（长 7 m），首次进行了湖泊试验，在大尺度模型的试验研究方法上获得了宝贵的经验，如图 1.5 所示。2007 年夏天，该中心在中国北方近海海域进行了实际海浪环境下大尺度模型的耐波性试验，完善和改进了大尺度模型的耐波性试验技术。2015 年，该中心在青岛近海海域再一次进行了实海域的大尺度模型耐波性试验，模型水线长 12.48 m，主要研究分析近岸海区波浪基本特性、实海域环境船模耐波性测试方案和测试系统、风浪环境中水面船舶的适应性等。

图 1.5 实海域船模疲劳载荷测试试验

开展水下航行体破损、大攻角、水下拖曳等非正常工况下或应急工况下的运动特性研究时，小尺度模型的尺度效应难以克服，出于安全考虑，实船试验也难以进行。鉴于特殊工况下水下航行体的运动特性的复杂性和影响因素多等原因，除依靠理论计算分析之外，大尺度模型试验也是重要的研究手段。于是，2010 年，中国船舶科学研究中心针对一个简化过的长 25 m 的刚体－弹性体振动模型，进行了露天水池中的运动特性测试，如图 1.6 所示。该试验采用拖缆实现加、减速过程，分析了水下拖曳航行体系统的运动特性，给出了保证试验过程中的运动稳定性和安全性的操舵限制条件。该次试验虽然未在实海域中进行，但其模型的工作方式，为本书中实海域船舶阻力测量的方法提供了思路，详细内容将在本书的后面章节中介绍。

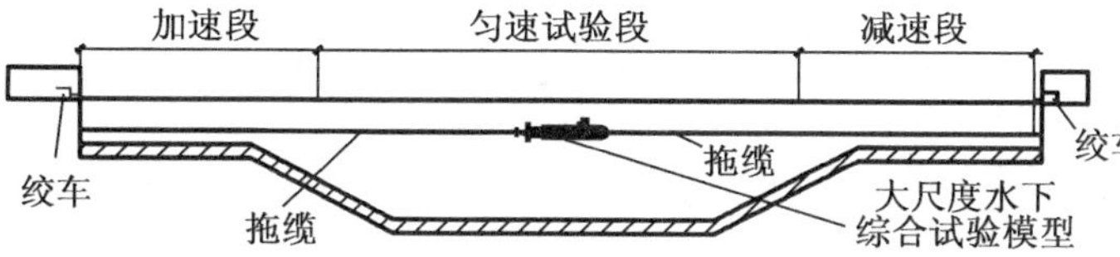

图 1.6 试验模型的工作方式示意图

2017 年，中国船舶科学研究中心通过综合论证，以 90 000 t 级散货船为母型，采用 1∶10 的缩尺比，自主设计、建造了长 23.5 m 的百吨级自航模试验平台，该试验平台预设开放式接口，可嵌入不同的软硬件测试模块，完成不同功能的试验研究。通过该试验平台，中国船舶科学研究中心进行了一系列不同功能的大尺度模型湖泊试验研究，包括气层减阻系统、风力助推转子、舵扭矩测量系统、流场测量系统的改装和应用，为解决新技术及新要求的尺度效应、数值模拟等问题提供了有效的试验数据及手段。

2017 年 8 月，哈尔滨工程大学舰船总体性能跨尺度测试分析团队在青岛附近海域开展了一条长 25 m 的大尺度散货船模性能测试，如图 1.7 所示。通过本次海试试验，该团队在大尺度模型加工设计、海试试验方案论证设计、设备集成控制、设备安装调试、海试保障系统建立、海试突发情况处理，以及测试技术与数据分析等方面都积累了大量的宝贵经验；并设计研发了具有自主知识产权的断轴式自航仪，可以实现船舶自航状态下螺旋桨推力、扭矩的高精度、稳定测量。本书所讲内容也正是基于这次实海域试验整个过程的一个梳理。

图 1.7　25 m 大尺度船模实海域测试

1.3　本书的内容

通过使用大尺度船舶模型在真实海洋环境中开展水动力学试验是研究船舶性能的一种新型试验技术。本书将对 25 m 大尺度船模实海域测试的整个过程做一个详细的介绍,包括试验方案的论证、仪器设备的选型、大尺度模型结构的设计与加工、整个测试系统的设计与布置、海试突发情况的应急预案及安全防护措施、测试技术与数据分析等。具体内容如下。

(1)海试试验准备

本部分内容有:①主要介绍实海域大尺度船模试验前的技术准备工作,包括试验方案设计、试验海域的选择、海试突发情况预案等。②针对 5 种阻力试验方案的优势和不足,结合海试试验内容、设备布置、测试数据可靠性、配套服务设施和人员调度的可行性、高效性及安全性等方面考虑,确定了最终试验方案。③实海域中自航试验包括相对静水中的自航及规定波高范围下的自航两部分,制订了自航试验的整个实施步骤及测试方法。④通过国家海洋环境监测中心、青岛海洋环境监测预报中心官方公布信息和浮标式浪高仪等途径获取和分析中国近海区季风、潮汐、海浪波高和周期等信息及变化规律,选定了试验海域;结合试验内容、仪器设备布置、船模运输及下水等,确定最终的海试地点。⑤对海试期间可能发生的各种紧急情况进行了预判,制订了详细的突发情况应急预案,为试验人员及财产的安全提供有力保障。

(2)自航模试验平台的建设

本部分内容有:①介绍25 m大尺度船模的结构设计及加工制造过程,重点关注船模的型线精度、结构强度、内部和甲板上仪器设备预留的安装位置。②改进了生产工艺,采用阴模和阳模相结合的制作方法将25 m船模分为艏部、船体和艉部3段进行加工,保证型线的加工误差不大于1 cm;通过船底、船舷、甲板内表面等密实龙骨布置、分段横舱壁、艏艉和船底中纵龙骨的加强布置等措施,保证试验船模的结构强度安全。③介绍螺旋桨、舵及轴系的制作加工,在确定螺旋桨的桨轴直径时,取6种计算方法中的最大值作为桨轴的最佳直径,保证螺旋桨及轴系运转安全。④搭建了实海域测试系统平台,完成了仪器设备的选型、购置及集成。⑤介绍了仪器设备的有序布置方式、安装调试过程,以及船模出厂、下水、浮态调整的整个经过,每一个细节都将为实海域试验的顺利进行打下基础。

(3)实海域船舶阻力性能与自航性能测试与分析

本部分内容有:①主要介绍25 m大尺度船模实海域阻力试验的实施流程和试验数据处理方法。②结合目前已有的技术,包括物理水池与实船方面的成果,建立了适合于实海域大尺度船模的相关数据处理方法,采用方案三进行船舶的阻力测试。③对于避风港内的阻力试验,通过计算艏、艉两个测力天平的差值可得到船模对应航速下的阻力值。④介绍大尺度船模实海域自航性能测试的实施流程,提出了一种基于递归神经网络(RNN)的长短期记忆(LSTM)模型和门控制循环单元(GRU)模型的船舶运动实时预测算法。⑤通过船模首、舯、尾3处的垂向加速度时历数据,基于Python语言对原始数据进行重采样与归一化等预处理操作,再将LSTM模型和GRU模型分别应用于单变量和多变量输入的加速度时间序列的训练和预测,对比分析预测效果。⑥对阻力试验、相对静水及波浪条件下的自航性能、操纵性测试结果进行了分析。⑦安装了舵球及预旋定子,验证了节能装置的节能效果。

(4)实海域试验结果的不确定度分析

本部分内容有:①主要介绍了美国航天航空学会(AIAA)、测量不确定度表示指南(GUM)及蒙特卡洛法(MCM)3种试验不确定度分析的方法,并结合船模试验实际情况,对几种方法进行了讨论与对比。对实海域大尺度船模阻力试验结果进行了不确定度分析。②选取了国际拖曳水池会议(ITTC)的新旧规程,分别基于

AIAA 和 GUM 的泰勒公式法对试验中的各个误差源进行了分析，包括模型加工精度、传感器测量精度、拖曳速度、水温、水动力系数等，对比了两种方法评定结果的异同。③根据不确定度结果，提出了提升测试准确度的一些方法。④使用基于 MCM 的自编程序进行了试验不确定度的数值模拟，对 GUM 方法的可行性进行了验证。⑤在此基础上，对实海域的大尺度船模自航试验进行了不确定度分析，主要针对船模的轴系以及试验时所遭遇的环境影响因素进行了讨论。

第 2 章　海试试验准备

进行实际海浪环境下大尺度模型试验前需要充足的技术准备。大尺度模型属于自航模，试验的过程中船模要按照要求以规定的航速和预定的试验路径航行，且试验过程中的不确定性因素很多，还须根据实际情况对船模进行随机的控制。为建立稳定可靠的海上试验测试系统，须进一步完善大尺度模型试验的测试方案设计及试验实施方案的优化。同时，还须建立一套成熟的海试突发情况应急预案，在正式试验前，要做好充足的技术准备和安全防护措施。本章将从实海域船舶阻力性能及自航性能的试验方案、海况信息统计和试验海区的选择、海试突发情况应急预案等方面分别进行介绍。

2.1　试验方案设计

2.1.1　阻力试验方案设计

实海域船舶阻力性能试验主要指在静水（风浪级别均小于 1 级）中对船身阻力的测量试验，阻力试验作为快速性研究的重要研究手段，是此次实海域试验的重要一环。考虑到试验的安全性、易操作性以及数据的准确性，设计了 5 种阻力测试方案。

方案一：如图 2.1 所示，拟采用双拖船通过钢丝绳 V 形连接到测量船，钢丝绳长度要大于 3 倍船长且处于水平状态，以降低前方拖船兴波对测量船流场的影响，提高海试安全性，同时两根钢丝绳与待测船中心线夹角大于 45°且小于 60°，通过两拖船平行等速运动保证测量船航向的稳定性。观察试验海域情况，若满足船舶试验要求（静水环境和波浪环境），则可进行试验测量。钢丝绳连接测量船的一端,装有高精度天平和角度盘。待测量船的航速稳定后,通过天平获得原始阻力值,通过角度盘获得钢丝绳与待测船的夹角,进而计算出实海域船舶航行受到的阻力。

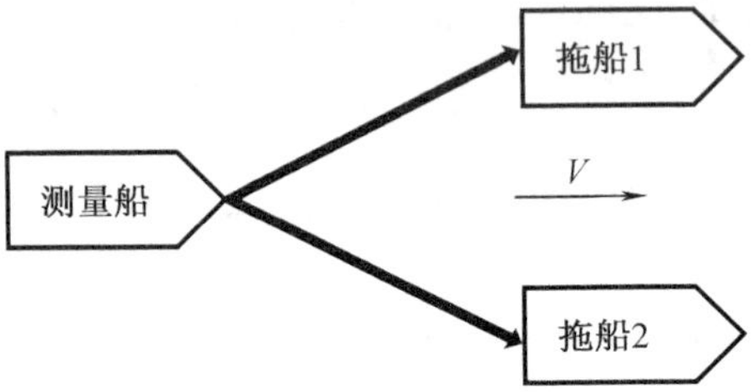

图 2.1　方案一示意图

方案二:如图 2.2 所示,拟采用母船系泊方法测量相应阻力值。试验过程,将一大型母船抛锚系泊,用钢丝绳连接测量船,钢丝绳长度要足够长且处于水平状态,钢丝绳一端装有高精度天平置于水平面,同时在钢丝绳上系一漂浮物,该漂浮物须漂浮在海面,以消除钢丝绳自身重力对试验的影响。观察试验海域情况,若满足船舶试验要求(静水环境和波浪环境),则可进行试验测量。母船上卷扬机以匀速状态回收钢丝绳,此过程中,高精度天平获得原始阻力值,待测量船的航速稳定后,采用相应换算方法,可计算出船舶受到的阻力。母船系泊测量方法能够保证船体稳定性,测量仪器所处的环境稳定,有利于数据的准确获得。

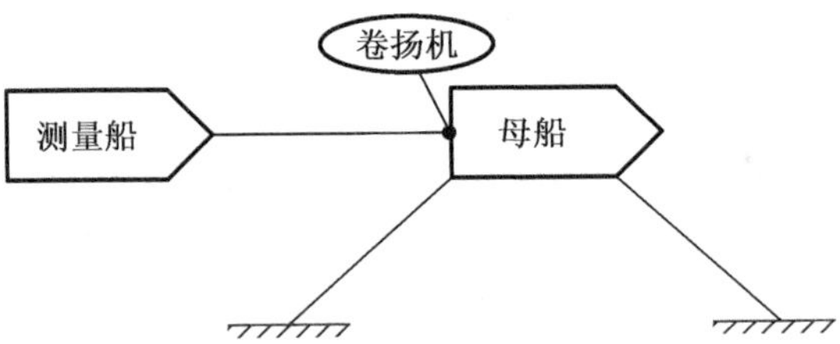

图 2.2　方案二示意图

方案三:如图 2.3 所示,拟采用两个卷扬机通过缆绳分别连接到测量船的船首与船尾,缆绳处于水平拉伸状态,并与测量船中心线重合。通过岸基,两台卷扬机配合作业,主卷扬机负责匀速拖曳船模,副卷扬机负责牵引船模,保证模型航速与航向的稳定性,缆绳连接测量船的一端装有高精度天平。观察试验海域情况,若满足船舶试验要求(静水环境和波浪环境),则可进行试验测量。待测量船的航速稳定后,通过天平获得原始阻力值,采用相应换算方法,可计算出实海域船舶受到的阻力。

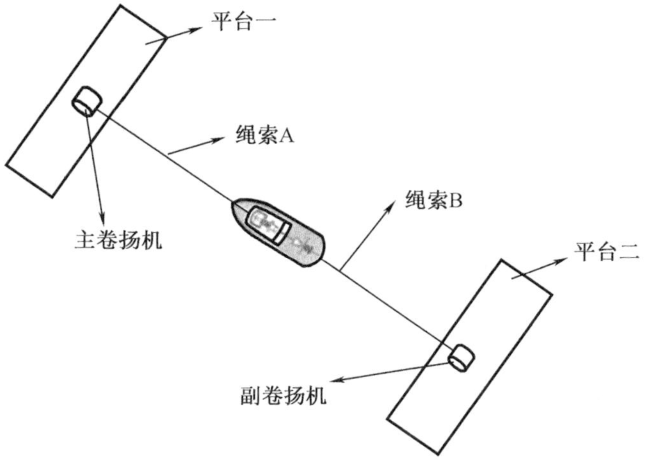

图 2.3　方案三示意图

方案四:如图 2.4 所示,拟采用母船顶推方法测量船模阻力值。试验过程中,将刚性杆一端固定在大型母船上,另一端固定在测量船上,刚性杆长度足够且处于水平状态(最大限度减少后面母船的运动对测量船流场的影响),刚性杆上装有高精度天平。观察试验海域情况,若满足船舶试验要求(静水环境和波浪环境),则可进行试验测量。母船以匀速状态沿直线方向前进推动前方测量船,待测量船航速稳定后,通过高精度天平获得原始阻力值,采用相应换算方法,可计算出船舶受到的阻力。

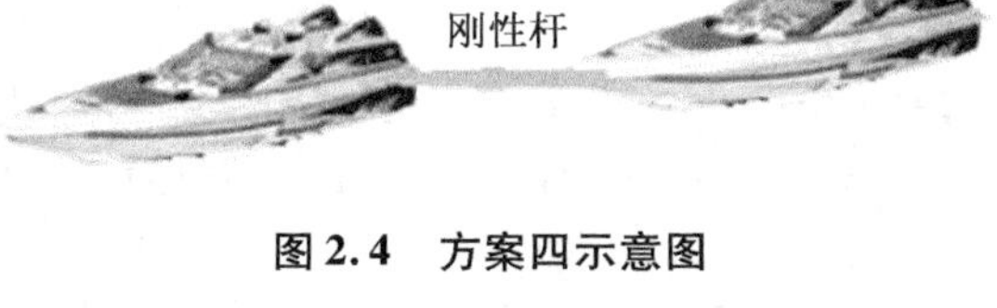

图 2.4　方案四示意图

方案五:如图 2.5 所示,采用双风机推动船模方法测量船模阻力值。在大尺度船模甲板上安装两个大型风机，风机沿船模中线对称安装且垂直于水平面，两风机通过刚性支架固联，下端装有高精度天平。观察试验海域情况，若满足船舶试验要求（静水环境和波浪环境），则可进行试验测量。试验过程中，两个大型风机同时作业推动船模前进。当船模航速稳定后，通过高精度天平获得原始阻力值，采用相应换算方法，可计算出实船受到的阻力。

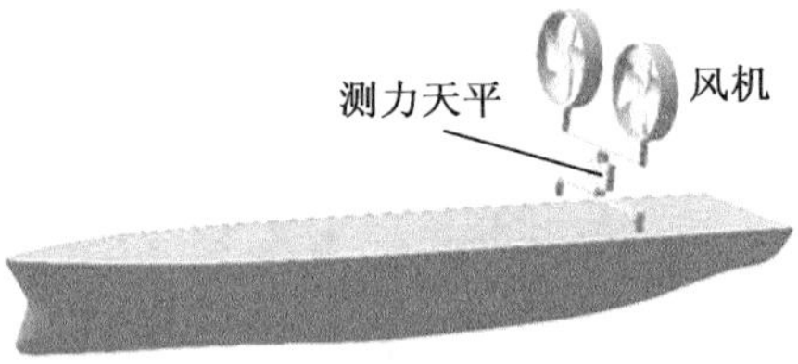

图 2.5　方案五示意图

表 2.1 为各方案的对比，综合分析以上 5 种方案的优点及不足，结合海试试验内容、设备布置、测试数据可靠性、配套服务设施和人员调度的可行性、高效性及安全性等方面考虑，最终确定选用方案三，即采用两个卷扬机拉紧、放线的方式进行实海域船舶阻力性能的测试。

表 2.1　各方案的对比

方案	特点
方案一	采用两拖船方案，可在近海平静区进行试验，不需要考虑港口大小和辅助船舶。 难点：前方拖船流场干扰测量船；两拖船同步作业难度大；测量船模保持匀速运动、保证航向稳定较难；夹角变化难以定量表示；试验数据处理可靠性差
方案二	采用母船系泊方案，可在近海平静区进行试验，不需要考虑港口大小、岸基，保证试验船模匀速运动。 难点：试验船模航向难以保持直线运动，容易受海浪影响；测量船模停车困难，危险性较大，容易与母船相撞
方案三	采用卷扬机拖拉方案，需要考虑港口大小、水深、海面波浪、岸基坚实程度和供电情况；试验过程可有效保证船模航向和航速稳定；船模停车可靠，试验重复性高，试验数据受外界不确定因素影响少、可靠性较高

表 2.1(续)

方案	特点
方案四	采用顶推方案,可在近海平静区开展,不需要考虑港口大小、岸基和供电情况。 难点:后方顶推船对前方测量船模流场有影响;刚性杆连接保证航向直线运动较困难,外界干扰因素较多,测试数据可靠性较差
方案五	采用双风机推动法,利用自然风,可较大程度提高船速。 难点:对风向的把控要求较高,风机功率较大,其旋转同时需要消耗更多的燃油;风机产生的力较难测量

2.1.2　自航试验方案设计

本书中在实海域开展的自航试验主要分两大部分,一是相对静水中的自航试验;二是在规定波高范围内的波浪自航试验。

相对静水是一个抽象化的概念,众所周知,近岸海域鲜有风平浪静的时候,所以如何确认静水条件需要一个具体化的数值。根据 ISO 15016:2015 的试验要求,认为满足以下条件时为静水条件:风、浪等级均小于 2 级、波高低于 0.2 m、风速低于 3.4 m/s。另外,根据大量的海上试验总结出的经验,以黄海北部青岛处近岸海域为例,每天中午过后会出现一段时间的平潮期,持续 0.5 h 左右。该段时间内海面呈现肉眼可见的平静,较适宜开展静水自航试验。

对于波浪中的自航试验,波浪环境由实船海况根据相似定律换算而来,主要以波高为判断依据。试验前须投掷浮标浪高仪在试验海域监测海浪信息,关注气象预报,并结合当地海洋部门的波高预报及海面上浪高仪的测量数据,综合考虑决定是否开展试验。海试开始前,由辅助船将船模拖曳至合适的试验区域,进行零船速初始测试,包括螺旋桨扭矩校正和风速风向的测量等。试验中通过环境采集系统对风、浪情况进行实时监测。

参考实船试航采用的方法,设计适合于实海域大尺度船模的自航试验方案。自航试验中以某一方向为参考方向,螺旋桨保持转速恒定,使船模沿固定方向直线航行。航速稳定后,采集数据至少 10 min。然后,随螺旋桨转数的递增进行船模不同航速下的测试;返程过程中以相反方向为参考方向,螺旋桨转数以同样方式递增;试验中须测得对地的船速、螺旋桨的推力和扭矩等参数。

试验所需仪器主要包括:汽油发电机、螺旋桨电机、断轴式自航仪(包括压力传感器、扭矩传感器)、加速度传感器、浮标式浪高仪、风速风向仪、罗经、GPS、自动舵系统、数据采集器、笔记本电脑、蓄电池等。

在物理水池模型试验中,螺旋桨推力、扭矩的测量一般采用螺旋桨自航仪。螺旋桨自航仪具有测量结果线性好、准确度高的优点。借鉴于物理水池模型所采用的螺旋桨自航仪,作者团队通过自主研发,制造了一个适用于此次 25 m 大尺度船舶螺旋桨推力及扭矩测试的断轴式自航仪。关于自主研发的断轴式自航仪的详细情况将在 3.5.5 节中介绍。

图 2.6 为推进系统和自动舵系统。整个推进系统由控制台、30 kW 汽油发电机、集成电柜、伺服电机及其减速器(减速比为 1∶4)、断轴式自航仪、联轴器、桨轴和螺旋桨等组成,能够根据需要设定稳定的螺旋桨转速。其中,螺旋桨电机的减速器与断轴式自航仪间通过弹性柱销联轴器相连。断轴式自航仪与桨轴间使用膨胀套连接,安装时需要严格保证同心度。自动舵系统的动力同样来自发电机与集成电柜,它还包括位于艉舱后部平台上的伺服电机及其减速器(减速比为 1∶10)、传动机构、舵角限位器、舵杆和半悬挂舵主体等。其中,采用连杆与皮带轮结合的方式传动。组合导航系统由 GPS 和惯性导航系统(INS)两部分构成,可以对船模航速、运动轨迹及六自由度运动状态进行监测。数据采集系统分为两大部分,一部分内嵌于控制台内,用于采集主机、舵机和组合导航系统的相关信息,实现实时控制推进与自动舵系统的目的;另一部分与各传感器相连,用于记录螺旋桨推力、扭矩和艏、舯、艉的加速度等数据。所有的传感器和控制台都使用蓄电池供电,将强弱电分开,可以有效避免信号干扰问题。船模内部设备总布置如图 2.7 所示。

试验内容与采集的主要参数如下:

(1)相对静水中的自航试验:位移数据(航速、航向角、艏向角)、螺旋桨性能(推力、扭矩);

(2)波浪中的自航试验:位移数据(同上)、螺旋桨性能(同上)、航行姿态(横摇、纵倾、升沉);

(3)操纵性试验:位移数据(航速、舵角、艏向角度、艏向角速率、航行轨迹)。

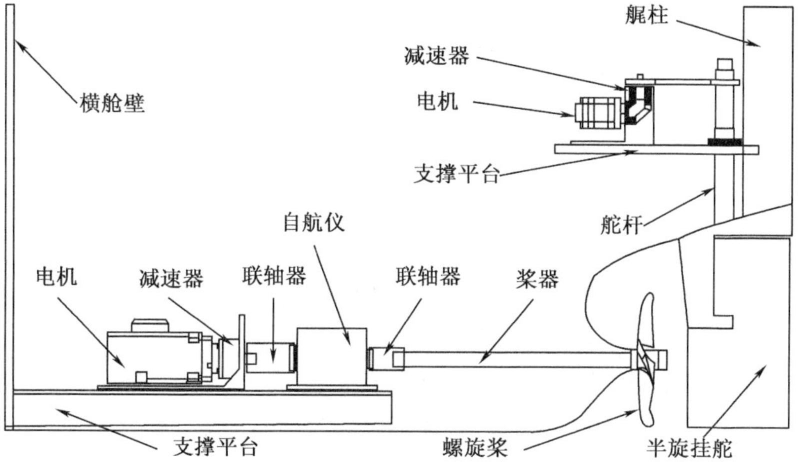

图 2.6　推进系统和自动舵系统

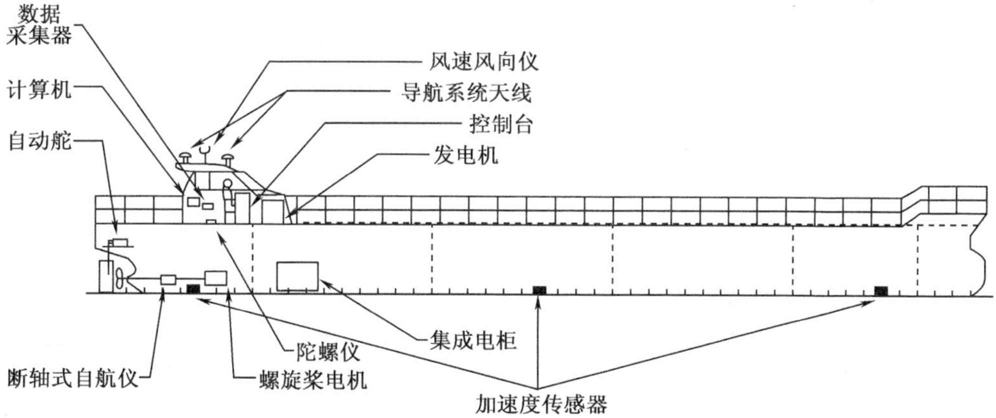

图 2.7　船模内部设备总布置

2.2 试验海域的选择

尽管我国在大尺度模型试验研究方面取得了一些成果，但是仍存在一些需要解决的关键问题。为了研究大尺度船舶模型在自然海浪中的水动力学性能，充分了解和掌握试验区域的海况信息是必要的。

中国海域宽广、海岸线绵长，自北向南依次为渤海、黄海、东海和南海，不同区域海况信息各具特色且复杂多变。总体而言，中国近海区冬夏季风交替明显，为典型季风气候区，自北向南大致可分4个气候区：渤海、黄海为暖温带季风气候区，东海为亚热带季风气候区，南海大部分海域为热带季风气候区，北纬10°以南的南海属赤道季风气候区。

表2.2及表2.3分别为海域季风分析和气旋分析（以下海况信息图片和数据均来自国家海洋环境预报中心官网，http://www.nmefc.gov.cn）。

（1）海域季风分析

表2.2 海况信息(1)

<table>
<tr><th rowspan="2"></th><th rowspan="2">海域</th><th colspan="3">10月—翌年3月</th><th colspan="3">6月—9月</th></tr>
<tr><th>风向</th><th>风速</th><th>风频</th><th>风向</th><th>风速</th><th>风频</th></tr>
<tr><td rowspan="4">季风分析</td><td>渤海</td><td>多为西北风</td><td rowspan="4">由北向南不断增强</td><td rowspan="4">1月6级以上大风频率在20%以上，济州岛附近和台湾海峡大风频率高达40%~50%</td><td>东南风或南风</td><td rowspan="4">由北向南增大</td><td>大风频次不到5%</td></tr>
<tr><td>黄海</td><td>西北风或北风</td><td>东南风或南风</td><td>大风频次5%左右</td></tr>
<tr><td>东海</td><td>北风</td><td>东南风或南风</td><td>大风频次5%~10%</td></tr>
<tr><td>南海</td><td>多东北风</td><td>南风或西南风</td><td>大风频次5%~20%</td></tr>
</table>

(2)海域气旋分析

表 2.3 海况信息(2)

	海域	10 月—翌年 5 月	7 月—9 月
气旋影响	渤海	来自西伯利亚冷高压的冷空气常影响中国近海; 冷空气过境伴有大风,最大可达 10 级以上并持续数天; 冷空气强盛时会成为寒潮,渤、黄海近岸最低温在 5 ℃以下,降温幅度达 10 ~ 21 ℃,寒潮持续天数短为 2 ~ 3 天,长为 8 ~ 10 天	此时段,中国近海热带气旋较为盛行,平均每年出现热带气旋约 29 次;以南海最多,在 9 月;东海次之,在 8 月;渤海最少,7 月出现最频繁。 黄、东、南海台风占热带气旋的比例分别为 31.5%、37.7% 和 59.4%,强台风的比例分别为 31.9%、40% 和 13.5%
	黄海		

(3)海域浪况分析

海浪的波高、周期和方向随季节和位置的分布是不断变化的。中国海域的波高随季节变化规律为:冬季波高最大,秋季和春季次之,夏季最小。波高随位置的变化规律为:南海东北部、吕宋海峡及其东部外海、台湾海峡、中南半岛东南部海域较大;东海、南海中部次之;渤海、黄海、北部湾和南海南部较小。

与波高分布相类似,中国海域的波浪周期在冬季和秋季整体大于春季和夏季。渤海的波周期在全年都普遍小于其余海域。冬季、春季和秋季,波周期的大值区主要分布在 25°N 以南(南部中国海域为较大值区,基本都在 6.5 s 以上),而夏季主要分布于 15°N 以北(琉球群岛附近为较大值区)。

通过分析中国近海季风信息、气旋信息、海浪波高和周期情况等,可知中国渤海地区和黄海北部极端天气、大雾等影响试验的气候较少,海域波高、波频等参数丰富、波动变化少。为了最大化的试验时间和最丰富的试验工况,实海域船舶性能试验选定在中国青岛市黄岛区黄海海域开展。再结合试验内容、船模下水、停靠条件、试验区开阔无障碍物等因素,作者团队先后对黄岛区的各大海区和码头环境进行了详细调研,如图 2.8 所示。

(a)青岛远洋船员职业学院海区

(b)鹤顺船厂海区

(c)琅琊台海区

(d)鲁海丰海区

图 2.8　试验海区调研

表 2.4 为各个海区的对比，考虑到实海域船舶的海试试验内容、设备布置、配套服务设施等条件，综合黄岛 4 个海区的调研情况，同时咨询业内专家和资深人士，最终选择鲁海丰海区为实海域船舶性能的试验海域。

表 2.4　试验海区特点

海区	特点
青岛远洋船员职业学院海区	人工港口，海面非常平静，无通航船只，海区开阔、岸基坚实；港口尚未交付，周边无任何配套服务设施，供电困难，政府管辖海区租用较困难
鹤顺船厂海区	船厂内港，海面相对平静，周边配套服务设施齐全；港口内部船只密集，临近青岛港航道水深、船多、危险性较大

表 2.4(续)

海区	特点
琅玡台海区	天然港口,海面比较平静,远离大船航道,周边供电容易;靠泊渔船较多、落潮暗礁多、场地较狭小,作业困难
鲁海丰海区	人工港口,海面非常平静,水深合适,无通航船只,海区广阔、岸基坚实,周边供电服务齐全,场地开阔,方便作业,基本满足海试需求

鲁海丰海区面积达 15.34 km^2,岸线长度 1 500 m;气候基本为空气湿润、温度适中、四季分明,且有“春迟、夏凉、秋爽、冬长”的特点,年平均气温 12.3 ℃,年平均最高气温25.2 ℃,年平均最低气温 -0.4 ℃;年平均水温 13.2 ℃,全年水温变化范围在 2.5 ~27.8 ℃,表层水温平均值 13.4 ℃,中层为 14.1 ℃,底层为 12.9 ℃,随着水深的增加呈递减的趋势。潮流为往复流,以半日分潮为主,全日分潮和浅水分潮都比较小。

2.3 海试突发情况应急预案

针对可能发生的安全问题,如人员落水、失火、碰撞、搁浅、进水、倾覆等,制订应急预案,即制订应对的方案和方法,并配备必要物品。

2.3.1 船舶碰撞事故应急处置

(1)立即检查本船有无人员伤亡。

(2)检查了解碰撞部位损坏情况,是否处于危险状态,是否需要救助。

(3)检查碰撞部位是否进水或燃油溢漏,若是,则检查进水或燃油溢漏程度。

(4)如二船相碰,一船首已嵌入另一船体内,特别是在水线以下时,应了解嵌入面积、损坏情况、进水或燃油溢漏程度等。

(5)如发生人员伤亡应先行组织抢救。

(6)如对方船被撞后处于危险状态,而本船并无严重危险,应使用本船救生设备尽快抢救对方船上的人员。

(7)当船首嵌入另一船体时,是否立即倒车脱离应视情况而定,如倒车可能招至另一船沉没,不倒车对我船无严重威胁,则暂不倒车,应等对方做好堵漏准备工作且同意倒车时,方可退出。

(8)为减少冲力,不使碰撞部位扩大,可适当使用倒车。当仅有很小冲力时,撞入船应停车改用微速前进,利用船首塞住破洞,减少进水量,为被撞入船争取时间防水堵漏。为防止船首滑出,可以系带缆绳。如附近有浅滩,在被撞入船同意下,可将其推向浅滩座浅。如二船决定脱离,条件许可时,还应协助被撞入船将破洞置于下风,减少进水或溢油,以利抢救。

(9)当不倒车可能招至二船都要沉没时,则撞入船适时倒出。

(10)被撞后,如进水或燃油溢漏严重,应立即选择安全合适的沙质浅滩,进行抢滩。如附近无沙滩,亦可抢座硬质浅滩。

(11)当船舶受损严重处于沉没、倾覆、爆炸等严重危险时,经抢救确属无效,为保证人员生命安全,船长有权从其专业判断采取必要的措施,下达弃船命令。如情况允许,船长必须将弃船情况和理由电告公司。

2.3.2 船舶搁浅事故应急处置

(1)如在感潮河段,可采取紧急抛锚,固定船位,以利高潮时起浮。

(2)如动车脱浅,应注意记录使用主机情况、推进器尾轴、推力轴承等异常情况及损坏情况。

(3)在对搁浅、触礁船舶施救时,缆绳以软缆为宜,用丙稀或尼龙太平缆绳拖带,长短应适宜。松、收缆时应防止绞缠推进器。松缆绳时要理清拖缆,缆绳系好后,所有人员必须离开缆绳附近,用车时切忌猛增车速,防止崩断拖缆,脱浅时注意搁浅船的冲势,避免碰撞。

(4)如搁浅程度较严重,本船不能自脱浅时,应迅速请求他船协助采用驳货减载起浮。

(5)如出事地点离港口不远,可联系当地其他公司请求他船协助脱浅或就近驳货卸载。

(6)在实施上述办法时,应根据当时风力、流向、航道、河床等情况,采取安全有效方法操作。

(7)如采用以上办法无效,应向当地海事救助机构(12395)联系救助脱浅。

(8)当船舶发生搁浅(触礁)的紧急情况时,轮机部在条件许可的情况下,应尽可能保证机电设备运转,以利船舶施救。

2.3.3 船舶横倾应急处置

(1)停止有关作业。

(2)发出应急警报,集合全体船员。

(3)如船舶在长江、湖泊中航行,应调整航向和航速,使船舶顶风航行,尽量减少横摇角度。

(4)如船舶在运河中航行,应根据船舶横倾的危险程度,采取抢滩等有效措施,以利于下一步的应急处置。

(5)关闭所有水密门窗和甲板开口,防止上浪进水加剧横倾。

(6)应尽力保证主机、副机、舵机等设备处于绝对安全和良好的技术状态。

(7)迅速查明引起船舶横倾的原因,采取适当的纠偏措施扶正船舶。如船舶已采取抢滩的措施,应组织船员立即上岸带缆固定船身,控制船舶横倾的趋势,以利于下一步险情的处置。

(8)如船舶无法实施抢滩施救,应想办法用他船帮靠、缆绳捆绑加固等措施增加船舶稳性,为后期应急处置提供前期保障。

(9)如有船壳破损、机舱进水等情况按《船舶进水应急处置预案》中有关的要求进行处置。

(10)如系不正确的装卸货作业而导致的货物位移引发的船舶横倾,应调整各货舱的货物,减少货物舱内不均衡对船舶横倾的影响。

(11)如采用以上办法无效,应向当地海事救助机构(12395)联系救助。

2.3.4 船舶火灾事故应急处置

(1)船员发现火情时,应立即用附近灭火器进行扑救,并大声呼喊,值班驾驶员或轮机员在组织前期施救的同时,应指派人员向船长报告。船长接报后立即发出全船火灾信号,全体船员按部署进行自救行动。

(2)除因发电机本身失火或确认必须停止发电机后,才可施救外,切不可盲目停止发电机,如电气设备失火,应先关闭该路电源。

(3)船长或指派驾驶员等人员选择使用适当的通信方式尽快电告公司，报告事故发生的时间、地点、目前的状况，如需外援，可通过公司或向附近海事管理机构和航行于附近的船舶，提出救援要求，在火警未解除之前，必须坚持守听，保持通信联络畅通。

(4)航行中船长或驾驶员应考虑风向和着火部位，可能的话迅速使着火部位处于下风，以免火势蔓延。

(5)外援船舶到达后，船长应提供船舶的状况，并参与灭火指挥。

(6)值班驾驶员或轮机员，应将事故及处理经过记录于航行日志或轮机日志，内容应包括火灾时间、地点、火灾部位、气象情况、灭火经过、何时扑灭等。

(7)火灾扑灭后，船长应指派专人保护火灾现场，拒绝外界进入未经勘查的火灾现场，或人为破坏火灾现场。但对新闻单位的采访，可做失火时间、扑救情况等简要介绍。

2.3.5 风灾浪损事故应急处置

(1)船舶在长江或湖区航行突遇大风浪，导致船舶大角度横摇时，应立刻改变航向、航速使船舶逆风航行，以减少摇摆角度或避免横摇。

(2)保证主机、副机、舵机正常工作。

(3)关闭一切水密门窗、货舱、锚链孔等，谨防货舱、机舱及其他舱室进水。

(4)如稳性欠佳，横摇周期长，迎风后，有条件应立即压进足够的压舱水以改善船舶稳性。

(5)船长或指挥其他人员向公司及时汇报，并与附近船舶和当地海事机构保持联系，有条件时，应立即向附近安全锚地、夹江或支流内河锚泊。

(6)全体船员处于戒备状态。

(7)风浪中主机或舵机发生故障时，应就近锚泊，松出适当长度的锚链，以使船首迎风，保持相对稳定。

(8)全力抢修主机或舵机；了解稳性情况、货物载量。

(9)加固和捆扎甲板上所有移动设备和属具设施。

(10)报告公司，并尽量与附近海事救助机构(12395)或船舶保持联系，请求救助。

2.3.6 抢滩和弃船应急处置

(1)船舶因水上交通事故使船体和结构受损严重,大量进水,当排水速度跟不上,堵漏又有困难时,船舶必须立即驶往安全地点搁浅,即抢滩。

(2)抢滩时,应选择河床为泥、沙底质,尽量避开活砂地点,同时应选择潮流小,当地盛行风的上风侧。

(3)选择抢滩地点应尽量避开取水口、市河、船闸、桥梁、水上建筑物附近和水上作业区域。

(4)抢滩地点坡度越小越好,应让出主航道,而且四周环境与底质便于岸上带缆固定船舶,防止下滑。

(5)抢滩后应设法堵漏,保证船舶不继续下沉,如果天气条件变坏或无法补救时,应请求他船协助。

(6)船舶因破损而造成燃油溢漏,在进行抢滩作业时,还应向公司和当地海事管理机构报告船舶受损和污染程度。

(7)船舶发生重大水上交通事故,虽经全体船员全力抢救但仍难免沉没,且无法实施抢滩应急操作。为保证船员安全,船长经周密和慎重的考虑后,可发出弃船警报信号。如条件许可,应报告公司和当地海事管理机构。

(8)听到弃船警报信号后,全体船员应立即穿着救生衣,到甲板做好准备,转移至救援船。

(9)机舱固定值班人员在听到报警信号后应仍坚守岗位按指令操作,在得到停车通知后,在轮机长领导下,抓紧做好熄火放气、关机、停电等弃船安全防护工作,并携带规定物品撤离机舱。

(10)弃船时,应专人负责降下国旗并随身携带;关(停)发电机和机舱内正在运转中的其他一切设备;关闭海底阀等。

(11)弃船时,应按应变部署表的规定由专人分别负责携带航行日志、轮机日志和通信记录;船舶证书、船员证件和名册;救生圈、望远镜和无线电对讲机、手机;现金和账册;货物运输单据发票和船、货保险证明等。

(12)弃船后,船长应向公司和海事机构报告船上机舱的燃油舱存油数量。

(13)弃船后,船长对全体船员仍持原有职权,无论是紧急应变还是演习操作,所有船员都必须服从船长指挥。

2.3.7 燃油泄漏事故的应急处置

(1)立即停止有关操作,关闭管系上的所有阀门。

(2)发出溢油报警信号,实施最初的应急反应程序。

(3)将事故情况立即通知加油站值班人员。

(4)查明泄漏原因,清除溢油。

(5)妥善保管所收集的残油以待日后处理。

(6)如果溢油量较大,仅由本船船员组织清除难以获得理想效果,应立即向加油站和当地海事部门求助,请求海事机构联系清洁队伍予以协助。

(7)溢油清除后,必须得到当地海事机构的许可,方可继续正常作业。

2.3.8 船舶燃油舱柜满溢事故的应急处置

(1)立即停止泵油作业,关闭管系上的所有阀门。

(2)发出溢油报警信号,实施最初的溢油应急反应程序。

(3)将事故情况立即通知供油船或加油站值班人员。

(4)清除溢油和船上的残油。

(5)清理过程所收集的残油应妥善保管,以待日后处理。

(6)如果溢油严重,仅由本船船员组织清除难以获得理想效果,应立即向加油站值班人员和海事部门求助,请海事机构联系清洁队伍予以协助。

2.3.9 船舶进水事故的应急处置

(1)当船员发现船体进水,应立即报告当班驾驶员或船长。当班驾驶员或船长根据报告情况迅速发出堵漏信号。

(2)听到警报信号后,除固定值班人员外,所有船员应携带部署表规定的器材迅速赶到现场待命,待现场指挥查明险情确定施救方案后,水手应立即测量各舱的水位,向总指挥和现场指挥报告。抢救过程中,还应定时测量,以供船长估计进水部位和进水量。

(3)堵漏抢险之关键是尽快寻找出漏水准确部位并掌握漏水情况。应派人到可以直接观察的地方检查、判断和寻找漏水部位。

(4)检查杂物舱、空气舱、船员宿舍舱等有无进水现象。

(5)如系货舱破漏,应迅速判断、查明破洞的大小并进行处置。

(6)如系其他舱室破漏,则通知机舱迅速排水,并根据漏洞大小和测量的数据变化,结合船舶倾斜度和吃水差的变化,准确地判断出进水量和进、排水量之差。正确判断险情的发展,采取正确有力的堵漏抢修措施。

(7)抢救中,应根据水流方向和漏洞部位,正确地使用车、舵操纵。使船舶尽可能保持与水流的相对静止状态,以减少水压和进水量。

(8)控制船舶进水的常用方法为:外部敷设堵漏油布(毡),舱内(如人能进去)木塞、堵漏板堵漏等,并与隔离和排水相结合。船长和驾驶员应根据事态发展及时调整部署。

(9)如进水压力较小且进水面积不大,可采用一般密堵顶压或水泥封堵法堵漏;如进水部位在单独舱室且又无法封堵,可采用单独封闭舱室法堵漏。

(10)如船体破损面积较大且“堵不胜堵”,船长应报告公司请求第三方的援助,帮助驳货过载和抢险堵漏。当危及船舶及人员安全时,船舶无法进行自救,船长应报告公司,将船驶到安全水域抢滩或弃船。

2.3.10 舵机失灵事故的应急处置

(1)船舶航行时发生舵设备故障,使航向失去控制时,值班驾驶员应迅速启动应急舵,并视航道及水流情况,立即采取减速或停车等措施,控制船舶并报告船长。

(2)船长应立即上驾驶台,操纵应急舵,保持航向,船舶正常航行后,由船长决定采取其他安全措施。若应急舵无效,船长应立即采取停车、倒车、抛锚等措施,正确操纵船舶,使船舶避免发生更大的险情。若是双车船,应充分利用双车的作用来调整船航向,使船舶至安全水域抛锚检修。

(3)值班人员应立即按船长指令,发布船舶动态,并保障船舶与各方联系畅通。

(4)轮机长必须立即带领轮机人员,查清故障原因,并将处置办法和需要的时长向船长报告,及时检查、排除故障。如轮机部无法解决,要向船长报告,须锚泊检修时,抛锚不可有碍他船航行,水下电缆和取水口区域严禁抛锚停靠。

(5)船舶因舵机失灵引发船舶失控进而导致碰撞、搁浅、触礁、火灾、爆炸、燃油污染、人员伤亡等情况时,应按相应的应急处置方案进行处置。

2.3.11 进入密闭舱室应急处置

(1)密闭舱室由于长期密闭,舱内因生物或化学因素而消耗氧气,易缺氧或无氧,或舱内含有大量有害或窒息类(如烃类、硫化氢、惰性气体、二氧化碳等)气体,在未进行充分通风时,如人员进入这种场所,极易发生人员窒息或中毒事故。

(2)如无特殊情况,任何人不得擅自进入封闭舱室。如确实需要,在进入封闭的舱室之前,应采取必要的预防措施。

(3)进舱要取得船长的允许,并由专人负责指挥,落实人员进舱的安全措施。

(4)进入密闭场所作业之前,尤其是高温情况下,应对密闭场所进行充分通风。对不能在作业前开舱或多层次封舱的舱室,应在作业过程中分次通风,通风后应达到规定要求,作业人员方可进入。

(5)经过充分的通风后,必要时还必须对该舱室进行检测,作业环境中的氧气含量应为 18% ~21% ,二氧化碳含量应不大于 2% ,烃类气体含量不大于 4% 。检测人员进入密闭场所时,必须佩戴隔绝式呼吸器。

(6)如情况紧急,急需进入密闭场所作业,则作业人员必须佩戴隔绝式呼吸器并携带救生绳,禁止使用过滤式防毒面具,救生绳索应有专人负责。

(7)作业人员进入密闭场所后,外面必须留有观察人员,观察人员应与作业人员约定有效的联络方式。在密闭场所外面负责观察的人员应不断地通过约定好的联络方式与作业人员联系,每次间隔不大于 3 min。

(8)如发生人员窒息事故,应采取紧急救助措施。救助人员进入作业现场救人时,必须佩戴隔绝式呼吸器,禁止未佩戴隔绝式呼吸器的人员进入密闭舱室救人。

(9)救助人员应将窒息的作业人员迅速移出密闭舱室。从作业人窒息到获救不得超过 5 min。

(10)应一边对窒息的人员进行人工呼吸等抢救措施,一边就近向 120 救护中心联系,力争在较短的时间内使窒息人员得到有效救治。

2.3.12 人员落水搜救应急处置

(1)船舶在航行中发现有人落水时,应立即就近投下救生圈并大声呼喊,以最快方法通知值班驾驶员。

(2)值班驾驶员接到信息后,应立即停车,了解落水者的位置,向落水者一侧操满舵,以免船尾及推进器吸入流将落水者吸入船底。

(3)按章鸣放声号,及时发出“人员落水”警报,有关人员进入应急岗位,派人员携带望远镜登高瞭望。夜间应将探照灯全部打开以便于照明抢救。

(4)投放救生用具或用竹篙施救时,谨防伤人。

(5)当风浪过大时,可在船尾系一条轻质可浮于水面的长绳围绕落水者回转,转到落水者身边,便于落水者抓住。

(6)放下救生艇或救生筏。

(7)在抢救落水者时,不论昼夜都要保持肃静,注意落水者的呼救。

(8)如果落水者失去了抓物的本能,抢救者应尽最大可能入水抢救,不得延误时机。

(9)如营救无望,船长应立即电告公司和当地海事、公安等管理机构。船长还必须指挥人员用救生筏或租用当地渔船在人员落水的区域进一步搜救或打捞,直至人员出水为止。

2.4 本章小节

本章主要论证了大尺度船模实海域阻力试验及自航试验方案,针对5种阻力试验的优势和不足,结合海试试验内容、设备布置、测试数据可靠性、配套服务设施和人员调度的可行性、高效性及安全性等方面,最终确定选用方案三。将船模、压力传感器、卷扬机经高强度缆绳和锁扣连接。通过大、小两台卷扬机的拉紧、放线协同作业,保证船模按规定航速沿直线匀速运动,进而获取对应航速下的船模阻力值。实海域中自航试验包括相对静水中的自航及规定波高范围下的波浪自航两部分,制订了自航试验的整个实施步骤及测试方法。海况信息统计和试验海区的选择,主要通过国家海洋环境监测中心、青岛海洋环境监测预报中心官方公布信息和浮标式浪高仪等途径获取和分析中国近海区季风、潮汐、海浪波高和周期等信息及变化规律,选定试验海域;之后结合海试试验内容、设备布置、配套服务设施等条件,综合黄岛 4 个海区的调研情况,最终选择鲁海丰海区为实海域船舶性能的试验区。本章制订了海试突发情况应急预案,包括碰撞、搁浅、横倾、火灾、风灾浪损、抢滩和弃船、燃油泄漏、燃油舱柜满溢、船舱进水、舵机失灵、误入密闭舱室,以及人员落水等各种突发情况的应急预案。

第3章　自航模试验平台的建设

小尺度模型试验存在一定局限性,不能为船舶行业所面临的新问题提供有效的研究手段,为了解决上述问题,最直接和有效的方法,便是增大模型尺度、在更真实的试验环境下开展试验研究,以期更彻底解决尺度效应问题和判断船机桨匹配综合性能。随着船舶行业新技术及新问题的不断出现,大尺度船模自航试验的作用日渐突出。现已开展过海试试验的自航模尺寸大都不超过 20 m,虽然相对水池船模有明显增加,但是尺度效应影响依然较大;另外,自航模大都采用遥控遥测、电力推进的操控方式,与实船不一样,导致实船海试中关键的一些参数,如主机功率、舵角等数据无法获取。因此,有必要建造汽油机推进的更大尺度的试验平台,以解决尺度效应、船舶复杂系统模拟等问题。本章将对建造大尺度自航模试验平台的过程做详细介绍,该平台具有主机、桨、自动舵等动力和操纵系统,可大幅提高试验能力,扩展测试范围。

3.1　模型参数

本次试验的对象是一条缩尺比为 13、总长约 25 m、排水量 115 t 的大尺度玻璃钢船模,其母型船为 230 000 载重吨(DWT)的大型矿砂船,该船为单机、单桨驱动的艉机型船,其方形系数 $C_B=0.83$,属肥大船型,具有球鼻艏、平行中体和方艉,船体外形如图 3.1 所示,其具体参数见表 3.1,螺旋桨模型主要参数见表 3.2。

图 3.1　船体外形

表 3.1　船模和实船主尺度

名称	符号	实船	25 m 模型
设计水线长/m	L_{wl}	319.56	24.62
垂线间长/m	L_{PP}	314.60	24.20
型宽/m	B	52.50	4.04
型深/m	D	25.30	1.95
艏吃水/m	T_f	18.10	1.39
艉吃水/m	T_a	18.10	1.39
船舶浮态	—	平吃水	平吃水
船舶湿表面积/m^2(无船舵)	S	24 462.40(设计吃水)	144.75
船舶排水体积/m^3	∇	253 083.50	115.20
试验流体介质	—	空气、水	空气、水
方形系数	C_B	0.833	
缩尺比	λ	13.00	

表 3.2　螺旋桨模型主要参数

名称	符号	单位	桨模
叶片数	Z	—	4
直径	D_p	m	0.738
盘面比	—	—	0.498

表 3.2(续)

名称	符号	单位	桨模
旋向	—	—	Right
叶型	—	—	SKEW

实海域大尺度船模设计与制造工作主要分为 3 个阶段,即船模设计阶段、船模制作阶段、船模布置阶段。一般的船模设计、制作、总布置等工作安排流程,如图 3.2 所示。本章将结合该 25 m 大尺度船模的案例介绍玻璃钢材质模型的设计建造过程。

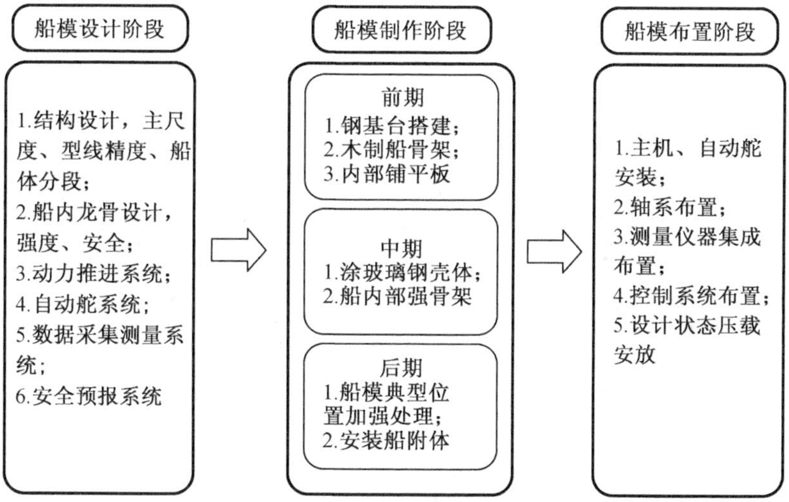

图 3.2　实海域船模方案流程图

3.2　船模结构设计

试验用船模必须具有高精度船体外壳以满足科研严谨性需求,常规钢制海船的制作方法很难保证加工精度且造价高,显然,玻璃钢材质更适用于大尺度模型的建造,精度高且更具经济性。

船模的设计如图 3.3 所示。船模外形设计应严格遵守几何相似原则，保证船体型线精度、艏艉部等大曲率变化位置处精度要求。船体外壳精度检验手段一般为木制卡板校验，打样位置应选在各站处，船体型线变化锋利处（如船头球鼻艏和船尾）应设置更密集的卡板校验。除此之外，应根据水密要求对大尺度船模进行适当的舱室划分、甲板开口等设计以满足压载的填充和仪器设备的安置。

船内龙骨设计方面，由于试验是在真实的海浪环境开展，船模强度、安全受到格外重视，保证海试试验期间船模安全的间接体现就是船内纵、横向龙骨的布置、尺寸和数量等。设计阶段，应采用经验公式估算船舶扭矩、惯性矩等参数。经计算，选定船底部纵向龙骨数量为 7 根，其中 1 根中纵龙骨，高度 × 厚度 = 30 cm × 16 cm；6 根旁内龙骨，高度 × 厚度 = 15 cm × 10 cm。船模左、右两舷侧自 2 舭部至上甲板处各均匀布置 3 道舷侧龙骨，贯穿船模首、尾端，高度 × 厚度 = 15 cm × 10 cm。

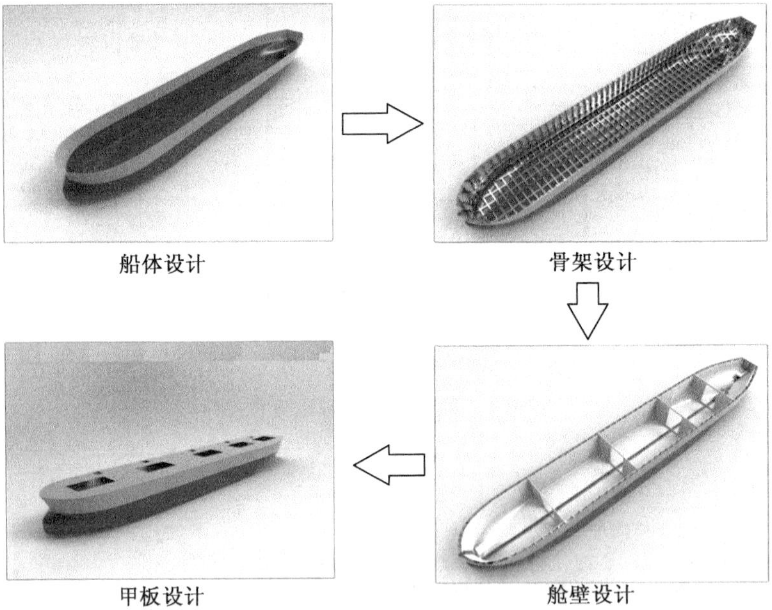

图 3.3　船模的设计

3.3　船模制作加工

大尺度模型钢制船体结构主要采用玻璃钢材质，在小部分典型位置处添加钢材、铝板等进行整体强度的加强。25 m 大尺度船模的整个生产加工过程可分为 3 个阶段：前期阶段、中期阶段、后期阶段。要保证船模型线的加工精度误差小于 1 cm，满足试验要求。

（1）前期阶段

前期阶段主要是搭建船模的钢基台和船外木制骨架、船内铺设柔性板等。

①船模钢基台使用 60 mm × 40 mm 的方形管材，配合激光水平仪，保证每一个纵向钢梁（长 25 m，船模纵向龙骨）均在同一直线，焊接成长 × 宽 × 高 = 25 m × 4 m × 2 m 的方体形式，用于船模骨架的临时支撑；

②船模制作分 3 个部分，即艏部、艉部、平行中体。艏、艉部曲率变化大，为了更准确地控制型线误差，保证船模型线精度要求，采用阳模制造工艺进行加工；平行中体曲率变化小，采用阴模制造工艺，如图 3.4 所示。搭建船外木制骨架是开始船模正式加工的第一步，在 25 m 船模壳体基础上向外扩张 3 mm 进行柔性板的安装，此阶段要严格保证搭建的骨架与船模型线吻合，特别是船舶曲率变化大的位置，如艏、艉、舭部等。搭建船外木质骨架时，每隔 50 cm 的距离搭建一横剖型线骨架，这样既可保证船模型线精度在误差范围内，又可提高船模的结构强度和抗形变能力。

(a)船首阳模　(b)船舯阴模　(c)船尾阳模

图 3.4　船模制作阶段（前期 1）

③待船外木质骨架搭建完成，在船内部铺设厚度 3 mm 的柔性板，柔性板紧贴木质骨架，结合处光顺过渡，如图 3.5 所示。利用卡板对 25 m 船模各站位型线进行吻合检验，满足精度要求即可开展下一步的船模制造。

(a)船体合龙

(b)铺设柔性板

图 3.5　船模制作阶段(前期 2)

(2)中期阶段

中期阶段主要包括船内柔性板涂糊玻璃钢、船内加装强骨架等。

①船模内部安装柔性板后，将玻璃纤维布与环氧树脂配合使用，进行玻璃钢的涂糊工作。为了保证船体结构强度安全，不同位置处的玻璃钢厚度应区分处理：船体水线下部舷侧区域涂糊 12 层玻璃钢，水线上部舷侧区域涂糊 9 层，船底区域涂糊 16 层，艏、艉局部区域涂糊至 15 层，以保证船模结构强度和安全要求，满足船舶设计和建造规范。

②待船模内部玻璃钢涂糊完成后，便可开始船内骨架的搭建工作，如图 3.6 所示。船模底部加工 7 根纵向龙骨，以及 1 根高度 × 厚度 = 30 cm × 16 cm 的强木材质中纵龙骨，龙骨外部涂糊 20 层玻璃钢；6 根高度 × 厚度 = 15 cm × 10 cm 的高纤维材质旁内龙骨，龙骨外部涂糊 9 层玻璃钢；纵向龙骨间距 50 cm。船模舷侧加工 3 根纵向龙骨，及 3 根高度 × 厚度 = 15 cm × 10 cm 的高纤维材质旁内龙骨，龙骨外部涂糊 9 层玻璃钢。船模内部加工 4 道水密横舱壁，将船模划分为 5 个舱室。每道横舱壁采用厚度为 18 mm 的合成纤维板，外部涂糊 6 层玻璃钢，在水密横舱壁正中央开设高度 × 宽度 = 130 cm × 80 cm 的水密舱门。考虑强度及安全方面，每道横舱壁两侧垂直方向加装 6 根高度 × 厚度 = 150 cm × 10 cm 的加强筋，水平方向加装

2 根长度 × 厚度 = 400 cm × 20 cm 的加强筋。

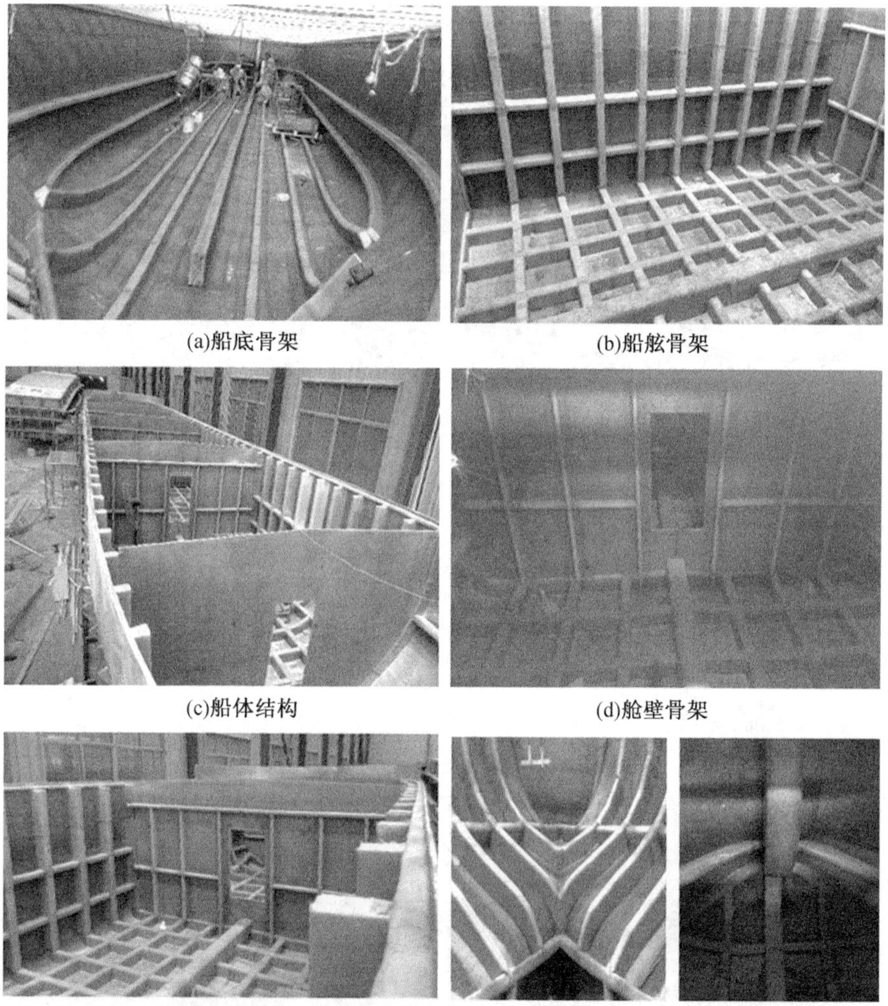

(a)船底骨架　(b)船舷骨架　(c)船体结构　(d)舱壁骨架　(e)船艏骨架　(f)船尾骨架　(g)船首骨架

图 3.6　船模制作阶段(中期)

(3)后期阶段

后期阶段主要包括船内典型位置结构加强、船模型线光顺度调整、其他船体附体安装等。

①船内典型位置结构加强，主要包括船尾机座、船首拖点、球鼻艏等。船尾处

需要安装船舶主机、减速箱、控制电柜等大型设备，此位置需要做强化处理，既可保证船舶海试试验安全，又可大幅减轻船舶振动对试验测试的影响。

②船模型线光顺度调整，在船首、尾部脱离阴模模具时，局部的型线光顺度会有微小变化，针对局部位置开展船舶光顺度的调整，如图 3.7 所示。

(a) (b)

图 3.7　船模制作阶段(后期 1)

③其他船体附件安装，25 m 大尺度船模在加工时，舱内部已为各设备仪器、轴系、线路等预留好了最佳安装位置。另外，如甲板舱盖、水密舱门、上层建筑等也须进行安装和修饰，如图 3.8 所示。

(a)甲板喷漆　　(b)水密舱门

图 3.8　船模制作阶段(后期 2)

3.4 螺旋桨、舵及轴系的制作加工

为了减少轴系能量的损耗，建议采用艉机型。综合考虑艉部密封舱室容积、测试仪器的布置、电机产生的信号干扰等，采用恰当的连接方式和连接件形式。

螺旋桨桨轴直径的确定方式如下：

(1)将螺旋桨桨轴伸出船尾的部分看作一个悬臂梁，螺旋桨看作一个集中在重心处的压载，考虑桨轴的静态弯曲变形量小于螺旋桨直径的0.5%，得到所需桨轴直径 D_1；

(2)考虑螺旋桨在自航试验时其扭矩对桨轴直径的要求，计算得到桨轴直径 D_2；

(3)考虑电机启动功率对桨轴直径的要求，计算得到桨轴直径 D_3；

(4)考虑电机的最大角加速度及螺旋桨、轴系的转动惯量，计算得到桨轴直径 D_4；

(5)根据《国内航行海船建造规范》中对于桨轴直径的计算公式，得到桨轴直径 D_5；

(6)根据船厂和电机厂等经验，得到桨轴直径 D_6。

上述，$D_1 \sim D_6$ 中的最大值即为最终确定的桨轴直径(桨轴材料为316不锈钢)。最后，螺旋桨桨轴直径定为0.08 m。

螺旋桨模型、浆及桨轴和舵的安装，分别如图3.9、图3.10、图3.11所示。

(a)

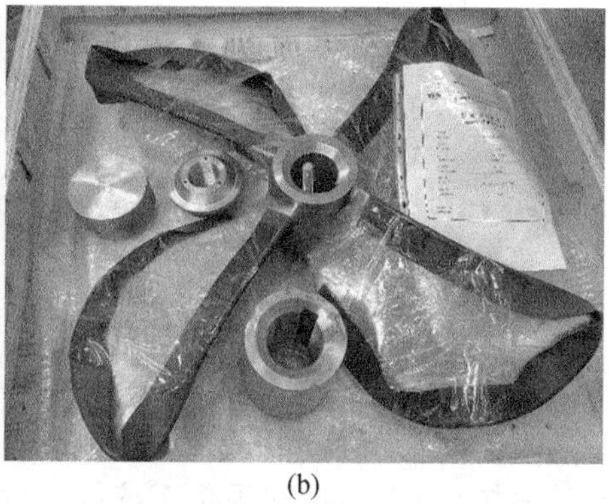

(b)

图3.9 螺旋桨模型

(a) (b)

图 3.10 桨及桨轴的安装

(a) (b)

图 3.11 舵的安装

3.5 试验测试系统

船模试验系统是试验成功的技术保障,稳定可靠的测试系统可以保证试验的顺利进行,其设计过程是复杂的。大尺度船模试验系统可分为:控制系统、GPS/INS 组合导航系统、数据测量和采集系统等。试验系统的框架关系如图 3.12 所示。

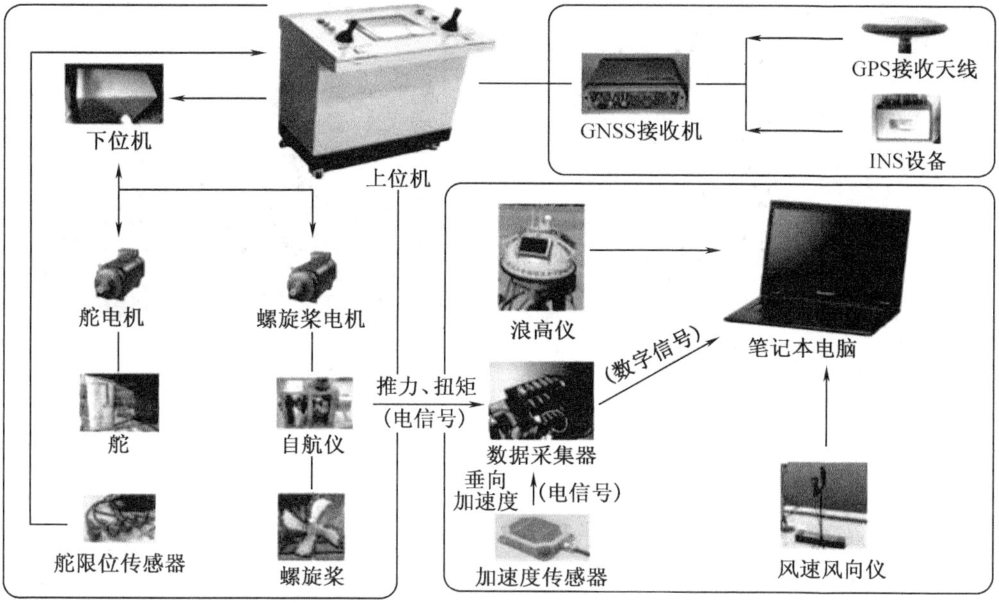

图 3.12 试验系统的框架关系

3.5.1 控制系统

控制系统是船模驾驶的核心，主要包括上位机、下位机、螺旋桨电机、舵电机等。上位机是发出操控指令的计算机，采用 Window 7 系统，控制软件由计算机 VB 语言编写。用户控制界面显示各种参数，如舵角、转数等，也可通过控制界面输入参数来改变船模的运动。下位机接收上位机发出的命令并翻译成时序信号直接控制螺旋桨控制电机以及舵控制电机。下位机读取伺服电机的状态数据，转化成数字信号反馈给上位机。

螺旋桨电机功率大小根据大尺度船模的阻力数值仿真计算结果进行估算。另外，还要根据试验海区和试验工况的恶劣程度给予足够的安全系数，安全系数一般取 3 ~6 倍。本书中 25 m 大尺度船模的螺旋桨电机的额定功率为 15 kW，减速比为 1∶4，螺旋桨电机如图 3.13 所示。

舵电机功率同样根据数值仿真的结果，并考虑施加安全系数进行综合估算，舵电机功率为 3 kW，减速比为 1∶10，自动舵电机如图 3.14 所示。

图 3.13　螺旋桨电机

图 3.14　自动舵电机

3.5.2　GPS/INS 组合导航系统

商用 GPS/INS 组合导航系统已经具备成熟的技术，足够满足工程需求，如图 3.15 所示。该组合系统由天线、接收机、惯性传感器组成。具有无缝集成功能的接收机，连接 GPS 辅助接收器以及惯性传感器，接收实时的运动信息，包括航速、航迹、航向、横摇角度、纵倾角度、艏向角速率。4 个 GPS 辅助接收器占据矩形的 4 个顶点，安置在甲板驾驶室顶部。惯性传感器固定在甲板处，传感器的 x、y、z 3 轴与随船模笛卡儿坐标系平行。

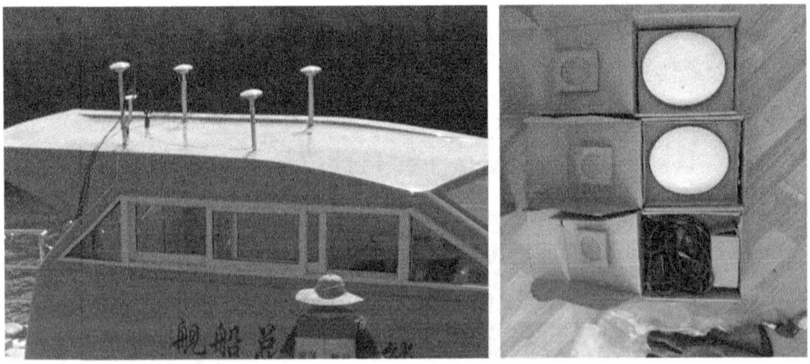

图 3.15　GPS/INS 组合导航系统

接收机与上位机相连接，用户控制界面可以实时地显示船模运动数据，历史数据记录在上位机硬盘中。导航系统数据采集频率可调节，一般设置为 20 Hz 即可。

速度误差小于 0.1 kn,方向及横摇/纵倾误差小于 0.1°。

3.5.3 数据测量与采集系统

为确保安全性,模型建议采用非遥感控制,船上至少需要两个人进行试验测试工作,一个人负责驾驶工作,一个人负责数据采集工作。

数据测量与采集系统由加速度传感器、断轴式自航仪、数据采集器、笔记本电脑等组成。采集的主要内容有艏、舯、艉加速度,螺旋桨的推力和扭矩。船体的垂向运动由加速度传感器测得,通过对加速度时历信号进行二次积分即可获得船体的垂荡运动曲线。

使用多通道的商业数据采集器把测得的电信号转化为数字信号传送到笔记本电脑,采用动态信号测试分析软件对数据进行实时记录与分析。本次海试试验所使用的数据采集器,如图 3.16 所示。

3.5.4 电力系统

内燃机的非线性复杂振动会影响推进性能的测量,且其工作时需要大量流动空气。在考虑安全性的条件下,伺服电机比内燃机更适合作为船模驱动。以往的模型试验通常采用蓄电池作为动力源,但是蓄电池远远达不到较大尺寸模型续航能力的要求。本书中的大尺度船模实海域测试采用 30 kW 汽油发电机,如图 3.17 所示。一次性注满油箱,船模可以航行 6 ~ 8 h。燃油发电机主要为下位机提供 380 V 交流电压。测量仪器与其他小功率用电设备由 12 V 铅酸蓄电池通过变压或者稳压进行供电。

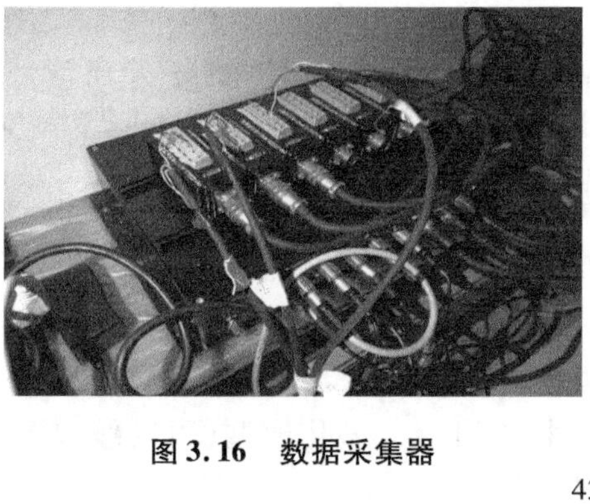

图 3.16 数据采集器

图 3.17 汽油发电机

3.5.5 自主研发自航仪

螺旋桨的推力与扭矩是船舶推进性能最重要的两项指标，大尺度模型推进性能试验的最主要的核心技术之一就是测量仪器的自主研发。传统的船模自航试验中使用的推力扭矩仪采用的是集合式应变结构，推力及扭矩两信号之间存在串扰，因我国尚无矩阵标定标准，此集合式应变结构无法准确解构螺旋桨的推力和扭矩，对测量精度有较大影响。目前，世界上各实验室使用的精密式螺旋桨自航仪几乎都出自英国 Cussons 公司，Cussons 公司自航仪采用集合式应变结构，采用欧洲联盟（欧盟）静态矩阵标定标准。此次实海域测试中，哈尔滨工程大学舰船总体性能跨尺度测试分析团队自主研发了一台大量程、高精度、操作便捷的断轴式自航仪，打破了螺旋桨自航仪市场被国外公司垄断的现状，并成功应用在 25 m 大尺度船模海试试验中。经过实用证实，该自航仪性能稳定、可靠且高效，如图 3.18 所示。

图 3.18　自主研发自航仪

该套自航仪使用两套独立的传感器结构重新解析螺旋桨的推力和扭矩，让不同的应变单元单独承受轴向或周向形变，完美解决了推力及扭矩间测量的串扰问题。非接触式扭矩传感器将数字信号调理的灵活性与载频放大器技术相结合，使测量的精度得到了显著的提高。另外，有别于传统的“黑匣子”式螺旋桨自航仪，该仪器在使用过程中，部件间可有多种配合形式，可根据实际需要自主更换量程合适的传感器，满足不同试验的需求，大大提高了仪器设备的利用率；在降低成本的同时，提高了螺旋桨性能参数的测量精度，将来可为大型化模型（百吨级以上）螺旋桨水动力参数的测量提供有力的技术支持,大幅提升了我国大尺度船模实海域自航试验的综合测试及研究能力。

3.5.6 浮标式浪高仪

在海上进行船舶耐波性试验时,必须要测定当时试验海区的波浪参数。在海上测量波高、浪向、频率等海浪参数的设备有:浮标式浪高仪、随船浪高仪、波浪谱测量仪、空中摄影仪,也可采用目测法。空中摄影仪设备复杂、工作量大,因此很少采用。目测法由于和人员的观测经验密切相关,其结果可能相差较大,不能作为正式的试验报告的依据。较常用的实船浪高仪,即浮标式浪高仪和随船浪高仪。

本次试验采用的是浮标式浪高仪,如图 3.19 所示,其参数见表 3.2。

(a)

(b)

图 3.19 浮标式浪高仪

表 3.2 浮标式浪高仪参数

名称	参 数
波高	测量波高 0 ~ 20 m,精度 ±10%; 实验室内验收精度 ±3%,分辨率 0.01 m
周期	测量周期 1.6 ~ 30 s; 精度 ±0.25 s(采样频率为 4 Hz 时);±0.5 s(采样频率为 2 Hz 时)
波向	测量范围 0° ~ 360°
作业时间	常规状态 1 次/3 h,遥测状态可选 1 次/1 h
位置	依靠 GPS 进行定位

表 3.2(续)

名称	参数
动力装置	(1)太阳能智能供电系统; (2)蓄电池储能,满足不少于 10 d 连续工作用电量
适用环境	沿海、深海、湖泊、内河,等等;水深要求不限

3.6 船模布置及设备安装调试

该大尺度船模的仪器设备总布置,如图 3.20 所示。

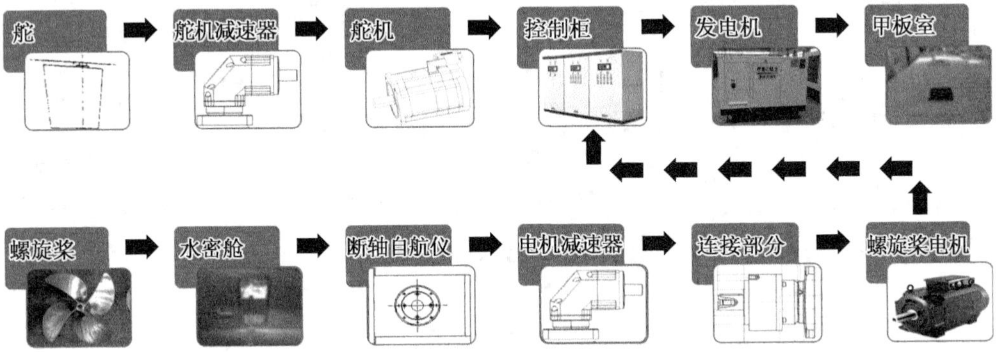

图 3.20 仪器设备总布置

该大尺度船模的满载排水量较大,而空船模的质量仅为 35 t 左右,需要额外 80 t 的配重来调整船模的浮态,因此压载的选择与布置也是一大难点。采用水泥块与沙袋混合使用并平铺于船舱内部的方案,通过机械吊运与人工摆放,先将 90% 的压载均匀布置在船舱内部,待船模下水后再放入剩下的压载,调整船模的最终浮态,如图 3.21 所示。

(a) (b) (c) (d)

图 3.21 船模的配重及压载布置

当实海域船舶浮态调整完毕后，需要检查海试试验中各测量仪器、设备是否调试可靠且正常工作，包括艏、艉处的测力传感器校核准确，数据采集系统能够接受准确可靠的电信号，GPS/INS 组合导航系统能够准确采集船舶航行轨迹和航行速度，岸基上主、辅卷扬机运行速度平稳，卷扬机缆绳无磨损，测力传感器与船模间的锁扣连接处无松动等。将动力电压输送至岸基对角位置处两个大功率卷扬机和相应的配电控制柜，检查机器运转性能、测试传感器运行情况。大尺度船模内部的轴系连接及 GPS 布置，如图 3.22 所示。

(a) (b)

图 3.22 轴系连接及 GPS 布置

3.7 船模下水及浮态调整

船舶建造完成后，将船舶从建造区移至附近某船厂，借助船坞的滑道下水，采用机械化式下水方式。大尺度船模的出厂运输、驾驶室的吊装以及船模下水，如图3.23、图3.24、图3.25所示。

图3.23 船模的出厂运输

(a) (b)

图3.24 驾驶室的吊装

(a)

(b)

图 3.25 船模下水

船模下水后，根据此时的浮态，将剩余 10% 的压载（水泥块、沙袋）布置在甲板上相应位置处，调整艏、舯、艉处及左右两舷侧的吃水状态，使船模处于正浮状态，如图 3.26 所示。

(a)船首吃水

(b)船舯吃水

(c)船尾吃水

图 3.26 船模浮态调整

3.8 本章小节

本章详细介绍了自航模试验平台的建设情况。在长 25 m 大尺度船模的结构设计及加工制造过程中,应重点关注船模的型线精度、结构强度、内部和甲板仪器设备预留的安装位置。本章改进了生产工艺,采用阴模和阳模相结合的制作方法将 25 m 船模分为艏部、船体和艉部 3 段进行加工,保证型线的加工误差小于 1 cm;通过船底、船舷、甲板内表面等密实龙骨布置、分段横舱壁、艏艉和船底中纵龙骨的加强布置等措施,保证试验船模的结构强度安全。在螺旋桨、舵及轴系的制作加工时,确定螺旋桨的桨轴直径应取 $D_1 \sim D_6$ 中的最大值,即可作为桨轴的最佳直径,最终的桨轴直径定为 0.08 m。大尺度船模实海域试验需要的仪器设备主要有浪高仪、压力传感器、加速度计、GPS/INS 组合导航系统、数据采集仪、螺旋桨自航仪等,通过搭建实海域测试系统平台和仪器设备的集成布置,将海试系统细分为若干子模块,如航速航向控制系统、数据采集系统、海况信息采集系统、辅船安全预报系统等,便于试验人员分工和更高效地服务海试试验任务。本章还介绍了船模出厂、下水及浮态调整的整个过程,每一个细节都将为实海域试验的顺利进行打下基础。

第4章　实海域大尺度船模阻力性能测试

4.1　试验目的及意义

实海域船舶阻力性能试验主要是针对船舶的快速性，分析实际海浪环境下船舶的阻力性能，更真实、准确地预报实船性能，为开展国内真正意义上的实海域船舶阻力性能测试技术奠定坚实基础，为大幅改善军船、民船各项性能提供有力支持，为海路运输、海洋研究、增强我国海防力量做出重要支撑。

4.2　海试试验安全防护措施

根据试验要求，雇佣并培训了实验、辅助、安保人员，其中包括船长两名、海上活动安保员两名、潜水员两名。试验前对参与试验的相关人员分别开展了安全教育培训与试验技术培训。

(1)保证船上工作人员的技术素养

试验前，对船上工作人员进行培训，驾驶员充分掌握船舶在任何吃水情况下的操纵、系统设备特性等；其他工作人员必须对船舶的操纵性能和设备特性有良好的感性认知，避免碰撞等突发应急事件。

(2)做好船舶实时通信服务

通过船舶自动识别系统和船岸间的通信及时提供安全信息，了解船舶试验情况。在试验水域附近建立巡航基站，配备辅助船舶以便在发生突发事件时，第一时间进行救助。

(3)尽量减少船上人员数量和单次海试试验时间

海试试验船舶的主要设施、设备尚未处于稳定运行状态,试验过程在客观上存在很大隐患。尽可能减少不必要的随船人员,尽量减少船舶单次海试时间。

(4)配备充足的救生设备

试验船舶严格按照《船舶与海上设施法定检验规则》规定配备足够的救生设备。避免船舶在发生突发事件因船上救生设备不足而造成人员伤亡。

(5)针对相关船舶试验进行专门培训

船舶试验时,除船员外还有大量的设备调试和测量等技术人员,且大部分为非海上工作人员,普遍缺乏海上求生、救助、船舶消防等专项训练。为避免安全事故,应对相关人员进行集中培训,同时展开驾驶人员的操作培训。

4.3 阻力试验

在开阔的自然海域中,风和重力作用会使水面产生波浪,波浪对船舶性能有重要影响。船舶下水后,无论在海面航行或是停靠,都会或多或少受到波浪的影响。我们通常所说的船舶阻力试验,都是指在静水条件下的。但是,在实海域中进行船舶的静水阻力试验是不现实的,只能研究船舶在相对静水条件下的阻力性能。

相对静水是一个抽象化的概念,众所周知,近岸海域鲜有风平浪静的时候,所以如何确认静水条件需要一个具体化的数值。根据 ISO 15016:2015 的试验要求,认为当风、浪等级均小于 2 级、波高低于 0.2 m、风速低于 3.4 m/s 时,可近似看作静水环境,可以开展船舶水动力相关试验。因此,监测海浪波高周期、季风方向强度、潮汐变化时间等对海试试验有着非常重要的意义,可最大限度地规避天气及环境因素对试验的影响,提高海试时间可行性及试验数据可靠性。

根据试验方案,在试验码头现场搭建了船舶阻力试验所需的拖曳式模型约束系统,即两个主副卷扬机。码头对角有效使用长度约为 300 m,船模阻力试验场如图 4.1 所示,阻力试验方案示意图如图 4.2 所示。

图 4.1　船模阻力试验场

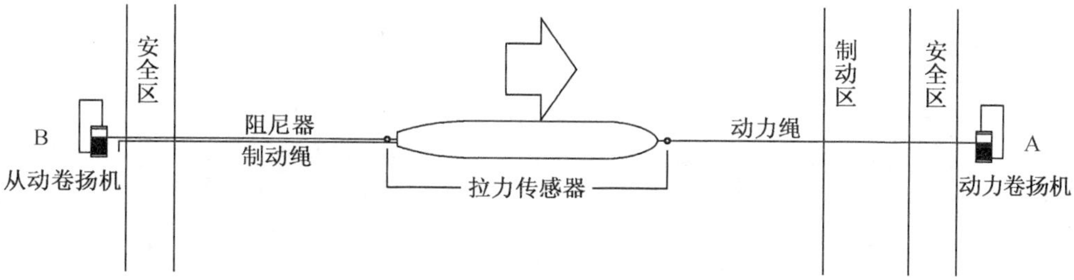

图 4.2　阻力试验方案示意图

在试验海区内进行实海域船舶阻力性能测试，将海区划分为安全区、加速区、稳速测量区以及减速区。依据海试试验要求，从卷扬机效能、试验安全等方面考虑，初步制订实海域船舶海试试验分区距离，见表 4.1。

表 4.1　海试试验分区距离

项目	长度/m
安全区 1	10
加速区	80
稳速测量区	130
减速区	70
安全区 2	10

试验采用 2.1 节中介绍的方案三进行位于避风港内的船舶阻力测试。首先根

据试验需求选择合适的避风港,须综合考虑试验区域长度、水深、基础设施(水、电和起重设备等)以及港内风浪状况等因素。在避风港的对角处安置了两台大功率卷扬机,置于图4.1中A、B两处,如图4.3所示。其中主卷扬机配有变频控制柜,可以手动输入卷筒的目标转速,负责牵引船模按要求航速前行;副卷扬机配有刹车装置,为船模提供预紧力,起到稳定船模航向的作用,能够辅助主卷扬机作业。同时,在两个岸边都装有滑轮,滑轮与卷扬机四点一线,保证阻力试验过程中船模按指定路径直线运动。艏、艉的测力传感器的两端通过万向旋转吊环分别与船体和缆绳相连,可以避免缆绳存在的周向力使其与传感器脱离,艏艉的牵引点及牵引点处的测力传感器分别如图4.4、图4.5所示。

(a)主卷扬机　　(b)副卷扬机

图4.3　卷扬机

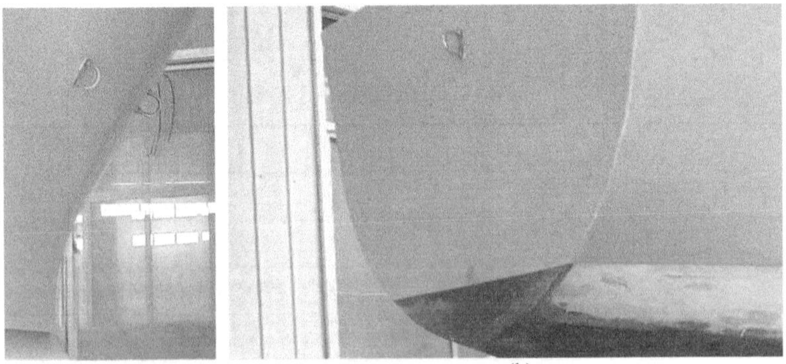

(a)　　(b)

图4.4　艏、艉的牵引点

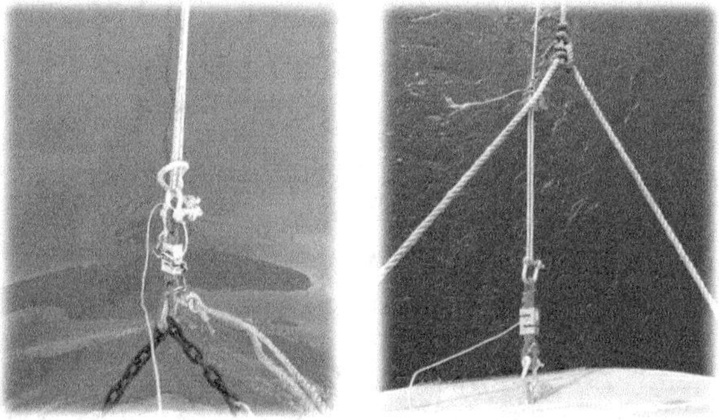

(a)　　　　　　　　　　(b)

图4.5　牵引点处的测力传感器

实海域船舶阻力性能测试中，大功率卷扬机为主卷扬机，电压为380 V，电机功率为22 kW，卷筒直径为0.5 m，负责牵引25 m船模按试验要求航速前行，最大拉力为6 kN，试验过程中卷速范围为0～3 m/s。小卷扬机为辅卷扬机，电机功率为0.75 kW，额定拉力为1 kN，额定转速为0.4 m/s，卷筒直径为0.3 m，主要负责控制船模航向、辅助主卷扬机作业，保证海试过程实海域船舶按指定直线路径运动、试验过程中缆绳始终保持张紧状态，辅机缆绳张紧力拟定1 000 N。两台卷扬机的卷筒容绳量均为350 m，卷扬机须刚性固定在地面上，避免因工作时的振动影响试验测量。使用的缆绳直径均为8 mm，材质为迪尼玛（高强度聚乙烯纤维），具有强度高和质量小的优点。

阻力试验的具体实施方案如下。

（1）试验前投放浮标式浪高仪，结合风速风向仪，主要用于测量记录试验期间的海况信息，以确定海况符合ISO 15016:2015的试验要求（风浪等级均小于2级，波高低于0.2 m，风速低于3.4 m/s）。在半潮以上进行试验（对应水深 $h > 3\sqrt{BT}$），可以避免浅水效应的影响。

（2）进行试验前的安全检查，确保设备正常运作。

（3）借助辅助船，先将测量船拖曳至指定的航行起始位置，如图4.6所示，将系有测力天平的卷扬机的缆绳分别与船首、尾处的牵引钩相连。

（4）通过主卷扬机匀速牵引船模，试验过程中，缆绳始终保持水平张紧状态，并与船模中心线重合。

（5）船模经过加速区后进入测量区，航速达到试验要求后通过测力天平获得原始数据（测量时间40 s以上），之后通过刹车绳使船模制动。

(6)通过辅助船协助船模回到出发点,继续下一个工况。

(7)在水下更换节能装置(ESD),进行全附体阻力试验。

(a)

(b)

图 4.6　海试期间辅助船拖航

4.4　数据处理方法

结合目前已有的技术,包括物理水池与实船方面的成果,建立了适合于实海域船模的相关技术方法。对于避风港内的阻力试验,通过计算艏、艉两个测力天平的差值可得到船模对应航速下的阻力值。当必须进行浅水效应修正时($\frac{A_M}{h}^2 \geqslant 0.05$,其中,$A_M$ 为水下正投影面积,h 为水深),推荐采用 Lackenby 方法对浅水影响进行修正。浅水修正航速的增加值 ΔV_G 的计算公式如下:

$$\Delta V_G = \left\{0.124\,2 \cdot \left(\frac{A_M}{h^2} - 0.05\right) + 1 - \left[\tanh\left(\frac{gh}{V_G^2}\right)\right]^{\frac{1}{2}}\right\} \cdot V_G \tag{4.1}$$

在海上很难将船模的装载状态调整到与标准状态完全一致,这将导致船模的排水量与标准状态不同。通常情况下,允许实际排水量有 2% 的浮动。

ITTC 和 ISO 都采用式(4.2)计算排水量不同引起的阻力增加值 R_{ADIS}:

$$R_{ADIS} = 0.65R_m\left(\frac{\Delta_0}{\Delta} - 1\right) \tag{4.2}$$

式中　Δ_0——标准排水量;

Δ——实际排水量；

R_m——船模阻力。

4.5 本章小结

本章主要介绍了25 m大尺度船模实海域阻力试验的实施流程和试验数据处理方法。结合目前已有的技术，包括物理水池与实船方面的成果，建立了适合于实海域船模的相关技术方法，采用方案三进行船模的阻力测试。对于避风港内的阻力试验，通过计算艏、艉两个测力天平的差值可得到船模对应航速下的阻力值。另外，当大尺度船模的装载状态与标准状态不完全一致时，允许实际排水量有2%的浮动，可采用公式计算排水量不同引起的阻力增加值。

第5章　实海域大尺度船模自航性能测试

5.1　试验目的及意义

对船舶而言,船体和螺旋桨是一个整体。安装于船体后面的螺旋桨与船体之间彼此影响各自附近的水流速度场和压力场,而且这种影响非常复杂,迄今还不能用纯粹的理论方法计算求得。依目前的研究水平,船模自航试验仍然是研究船体和螺旋桨之间相互作用的最好方法。在实际海域进行船舶自航试验是研究船体和推进器综合性能的重要手段。本书中在实海域开展的自航试验主要分两大部分,一是相对静水中的自航试验,二是在规定波高范围下的波浪自航试验。

耐波性是船舶航行的重要性能。它涉及船舶的使用效能和安全性,是一个比较复杂的问题。以往,研究耐波性的一个重要途径是在实验室内进行船模试验,通过这类试验可以研究以下问题:①预报船舶在给定的环境条件下的耐波性能;②确定包含在船舶摇摆运动微分方程中的水动力系数;③检验和修正船舶耐波性理论中的假设和结论;④研究船体各因素对耐波性的影响;⑤研究各种减摇装置的作用;⑥确定船体在波浪上的结构强度。在实际的海洋环境下开展船舶自航试验,为耐波性的研究提供了新方法。该试验是在真实的自然海域下进行的,因此遭遇的海浪环境是三维非线性实际海浪,模型尺寸不再受试验场地的限制,可以大幅降低模型尺度效应的影响,模型的运动响应也更加接近实船在实际海浪环境下的非线性运动响应,故实海域试验测试的数据更加真实可信。

5.2 自航试验

实海域的大尺度模型自航试验通常在离岸 5 km 左右的近岸海域开展。本次试验在我国黄海北部青岛市附近海域进行,试验海域范围内的水温大约 21 ℃,水深在 20 m 左右。船舶自航性能测试系统框架如图 5.1 所示。

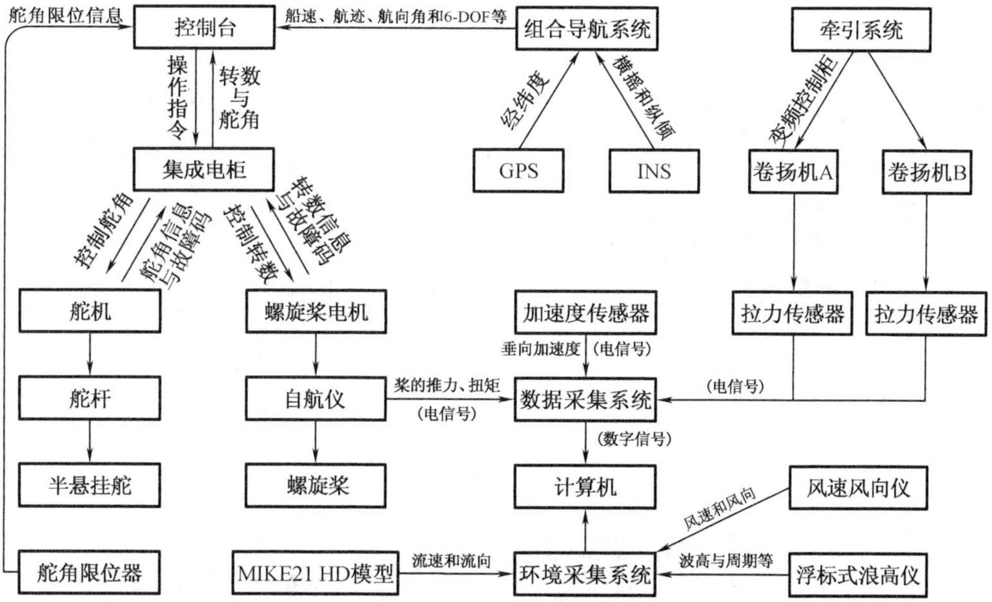

图 5.1　船舶自航性能测试系统框架图

此次实海域船舶自航性能试验进行了一系列自然海域下船舶性能的测试,对试验海域风浪流情况、船模在风浪中的运动姿态,以及螺旋桨水动力性能进行了测量与分析。风浪流测试内容包括风速、风向、波高、流速、流向;运动姿态的测试内容主要包括航行轨迹、横摇、纵倾、艏加速度、舯加速度、艉加速度;螺旋桨水动力性能的测试内容包括螺旋桨的推力、扭矩。针对不同海况,试验对节能附体的节能效果进行了验证。大尺度船模的节能附体设计图及实物图分别如图 5.2、图 5.3 所示。桨及节能附体都是由专业水手在水下更换的,如图 5.4 所示。

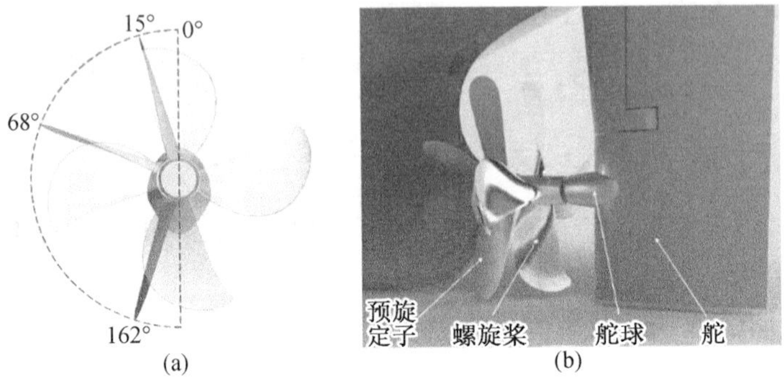

图 5.2　节能附体设计图

(a)安装于船尾的预旋定子(PSS)　　(b)装有舵球的半悬挂舵

图 5.3　节能附体

(a)不带节能装置ESD的桨和舵　　(b)潜水员在水下更换ESD和螺旋桨

图 5.4　潜水员进行节能附体的拆装

试验时提前通过潮汐预报与专业人员建议，选择在风浪合适的天气情况下出海。船模每次由两艘辅助船拖曳至指定试验海域位置,如图 5.5 所示,既可节省燃油,又可提高试验效率。

图 5.5 辅助船拖曳至指定试验海域位置

在自航试验中,螺旋桨的转速 n 是设定值,推力 T 与转矩 Q 的值都可以由自航仪测出,由数据采集器传送至笔记本电脑记录数据,船舶速度 V 的值可从 GPS 中获得。由于 GPS 在测量船模位置与航速等数据时,会受周围环境的影响,产生一些错误数据,因此需要先将数据中不正常的数据点通过数据处理程序进行剔除,然后使用处理后的数据。风浪流环境测量与监控方面,在试验海域投放浮标式浪高仪,浮标式浪高仪每小时采集一次波浪信息,每次时长为 15 min,并发送波浪信息经卫星传送至服务器电脑。风速风向仪随船安装在驾驶室顶部,试验测试过程中,实时监测风速、风向信息。大尺度船模的实海域自航试验流程如图 5.6 所示。图 5.7 为波浪中的自航试验。

船模运动姿态的测量。在艏、舯、艉布置加速度传感器,测量信息经由数据采集仪至笔记本电脑记录数据;沿船舯布置罗经传感器和 GPS 设备,采集横摇、纵倾、航向角、运动轨迹、航行速度等航行姿态信息,测量信息由操作台记录并储存。

螺旋桨水动力性能测试。通过安装在桨轴处的断轴式自航仪,采集螺旋桨推力、扭矩信息,经数据采集仪至笔记本电脑记录数据。

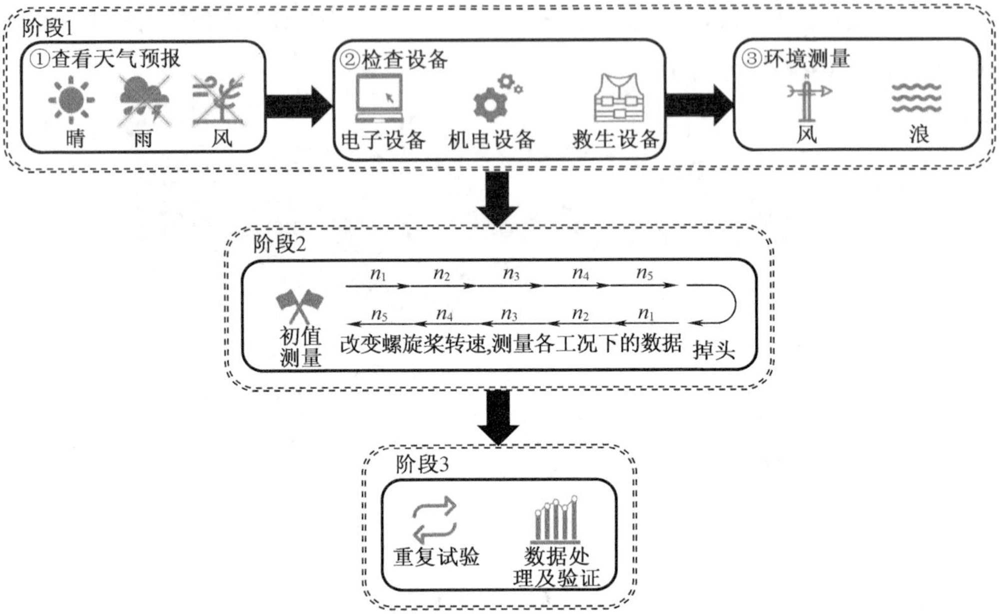

图 5.6　自航试验流程

图 5.7　波浪中的自航试验

为探究在不同海浪情况下节能附体对船舶性能的影响,拟订了 8 个工况进行测试分析,见表 5.1。每个工况下,又设定多个螺旋桨转速,测量不同螺旋桨转速下的速度、横摇、纵倾、运动轨迹、螺旋桨推力、扭矩、加速度等数据信息。

表 5.1　耐波性 - 自航试验工况

波浪高度/m	是否带有节能附体	浪向关系
0.25	有	迎浪
		艏斜浪
	无	迎浪
		艏斜浪
0.5	有	迎浪
		艏斜浪
	无	迎浪
		艏斜浪

5.3　数据处理方法

实海域波浪情况下的自航试验，由于海况复杂多变，为对比不同工况下的船模各项性能，需要综合考虑英国船舶研究协会（BSRA）、国际拖曳水池会议（ITTC）和国际标准化组织（ISO）等提出的方法，对船模在真实海况下的试验数据进行修正，主要包括潮流效应、上建风阻和波浪增阻等的影响。其中，水流对低速船模的航速影响较大，当船模航速较低时，船模偏航甚至零航速，因此仅对航速较高时进行研究。需要根据试验场地的潮流情况选择合适的修正方法。由于每次船模自航试验的持续时间都远小于潮流变化的周期，因此建议采用“MoM”（mean of means）方法进行航速修正，至少需要在 3 种不同的主机功率下运行 6 次，要求操舵角不超过 5°，“真实值”与计算值之间可接受的差值的上限为 0.1 kn。为了获得准确结果，一个工况须进行两次往返试验，可使用 MoM 方法推导出式（5.1）对船速进行修正。螺旋桨的推力和扭矩测量值采用相同的平均方法进行修正。

$$V_m = \frac{V_{G1} + 3V_{G2} + 3V_{G3} + V_{G4}}{8} \tag{5.1}$$

式中　V_m——船模的平均航速；

V_{G1}、V_{G2}、V_{G3}、V_{G4}——两次往返试验中测得的 4 组船模的对地航速。

通常情况下，自航试验都会选择足够水深的水域进行试验，但当必须进行浅水效应修正时（$\frac{A_M}{h}^2 \geqslant 0.05$，其中，$A_M$ 为水下正投影面积，h 为水深），推荐采用

Lackenby 方法对浅水的影响进行修正。浅水修正航速的增加值 ΔV_G 的计算公式如下：

$$\Delta V_G=\left\{0.124\,2\cdot\left(\frac{A_M}{h^2}-0.05\right)+1-\left[\tanh\left(\frac{gh}{V_G^2}\right)\right]^{\frac{1}{2}}\right\}\cdot V_G \tag{5.2}$$

由于水线以上(包含上层建筑)的受风面积较大,且海上风速较大,因此所受到的空气阻力是不可忽略的,风阻增量值 R_{AA} 可通过 ITTC 给出的式(5.3)计算：

$$R_{AA}=0.5\rho_A\cdot C_{DA}(\psi_{WRref})\cdot A_{XV}\cdot V_{WRref}^2-0.5\rho_A\cdot C_{DA}(0)\cdot A_{XV}\cdot V_G^2 \tag{5.3}$$

式中 ρ_A——空气密度；

A_{XV}——受风最大横截面面积；

V_{WRref}——基准高度处的相对风速；

ψ_{WRref}——基准高度处的相对风向(0 表示迎风)；

C_{DA}——风阻系数,可通过 CFD 方法、相关模型风洞试验、ISO 15016:2015 提供的相关统计资料或 Fujiwara 等人提出的回归方程获得。

实海域船模自航性能试验不可能在静水中进行,因此实际海况中波浪对航速的影响应该被考虑。当试验中船模的升沉和俯仰较小(船首垂直加速度 $<0.05g$),且相对波向小于 ±45°时建议使用 STAwave-1 方法。ITTC 给出了波浪增阻 R_{AW} 计算的经验公式如式(5.4)所示。

$$R_{AW}=\frac{1}{16}\rho_s g H_{W\frac{1}{3}}^2 B\sqrt{\frac{B}{L_{BWL}}} \tag{5.4}$$

式中 ρ_s——水的密度；

g——重力加速度；

$H_{W\frac{1}{3}}$——风浪的显著浪高；

L_{BWL}——水线上至 95% 最大船宽处的船头长度。

各参数的定义如图 5.8 所示。

在海上很难将船模的装载状态调整到与标准状态完全一致,这将导致船模的排水量与标准状态不同。通常情况下,允许实际排水量有 2% 的上下浮动。ITTC 和 ISO 都采用式(5.5)计算排水量不同引起的阻力增加值 R_{ADIS}。

$$R_{ADIS}=0.65R_m\left(\frac{\Delta_0}{\Delta}-1\right) \tag{5.5}$$

式中 Δ_0——标准排水量；

Δ——实际排水量；

R_m——船模阻力。

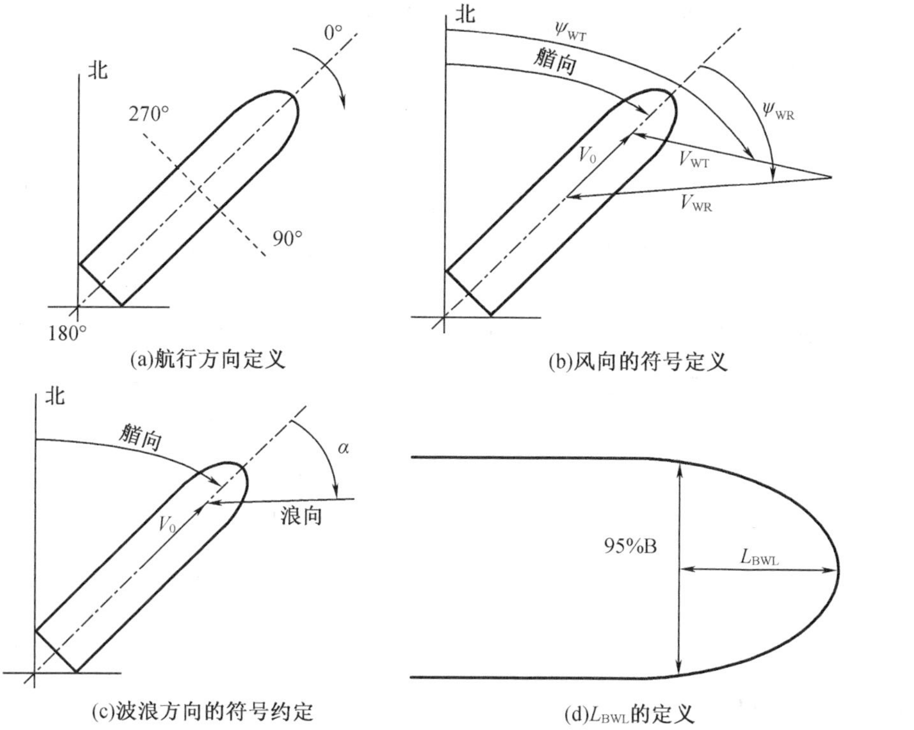

(a)航行方向定义　(b)风向的符号定义

(c)波浪方向的符号约定　(d)L_{BWL}的定义

图 5.8　各参数的定义

注:V_{WR}为准高度的相对风速;V_{WT}为基准高度的对地风速;ψ_{WR}为基准高度上的相对风向;ψ_{WT}为基准高度上的对地风向。

因此,实际海况中船模总阻力的修正值 ΔR 由式(5.6)得到:

$$\Delta R = R_{AA} + R_{AW} + R_{ADIS} \tag{5.6}$$

5.4　基于神经网络的船舶运动预测算法

本章提出一种基于递归神经网络(RNN)的长短期记忆(LSTM)模型和门控制循环单元(GRU)模型的船舶运动实时预测算法。首先通过实海域大尺度船模自航试验获取艏、舯、艉各处的垂向加速度时历数据,并基于 Python 语言对原始数据进行重采样与归一化等预处理操作,再将 LSTM 模型和 GRU 模型分别应用于单变量和多变量输入的加速度时间序列的训练和预测，最后对比分析预测效果。

5.4.1 数据预处理

重采样是转换时间序列频率的一种处理过程，其中，把高频数据聚合成低频数据的过程称为降采样，反之称为升采样。实海域大尺度船模自航试验获得的原始数据包含 18 万个点，由于时间序列的样本数量过多，会严重影响数据的训练与预测效率，因此需要先将大尺度船模垂向加速度的等间隔时历数据进行降采样处理。基于重采样方法，将加速度时间序列的采集频率从 100 Hz 降低到 1 Hz，并对重采样的分组数据集进行均值处理，达到充分利用原始时历数据的目的。

通过对输入变量进行归一化操作，能够使不同维度的特征在数值上具备一定的可比性，从而能够显著提高计算的准确性。归一化的缩放是将数据“拍扁”到一个规定的区间，而且缩放大小只涉及最大值与最小值。把 3 个垂向加速度传感器采集到的数据统一缩放到(0,1)这一范围内，并将其转换成无量纲数据，以提高神经网络模型的预测精度。当输出变量时，还需要进行反归一化操作，将预测序列还原成有量纲数据。

5.4.2 神经网络模型

LSTM 模型和 GRU 模型均属于改进的 RNN，而 RNN 作为前馈神经网络的一种推广，在神经网络中增加了环状结构，使某些神经元的输出数据作为输入变量进行回馈。RNN 的结果是前一时刻输入和历史输入的综合结果，可以用于时间序列的预测，但在时间轴上会产生梯度发散。针对以上问题，本章分别采用可避免梯度发散的 LSTM 模型和 GRU 模型作为实海域船舶运动实时预测算法的基础神经网络。

在 LSTM 模型中，神经网络状态被划分为长期和短期两类，其中长期状态 c_t 是 LSTM 模型所独有的，而短期状态 h_t 与普通的 RNN 相似，它既是当前时刻隐藏层的输出，又是下一时刻隐藏层的输入。单个时间步内的 LSTM 模型结构如图 5.9 所示，它包括 3 个门控单元，分别是输入门 i_t、遗忘门 f_t 以及输出门 o_t，其中，i_t 和 f_t 是决定 LSTM 模型能否实现长短期记忆的关键。LSTM 模型单元有 3 个输入，分别是当前时刻的输入 x_t、上一时刻的长期状态 c_{t-1} 和短期状态 h_{t-1}，其中，x_t 和 h_{t-1} 同时输入到 3 个门控单元。由 f_t 确定应该从单元状态中删除多少先前的内存值，而

i_t 指定了 h_{t-1} 的新输入，并由 o_t 决定当前时刻输出给 h_t 的数据。

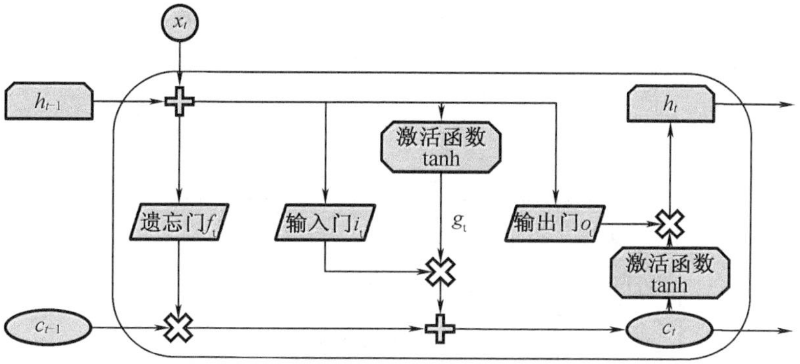

图 5.9 单个时间步内的 LSTM 模型结构

LSTM 模型能够通过门控单元的开关实现对于实海域船模垂向加速度时间序列的记忆功能，并防止梯度发散，可以用于处理和预测具有较长时间间隔和延迟的问题。同时，LSTM 模型还可以处理噪声、分布式表示和连续值等问题。LSTM 模型的具体计算公式如下：

$$i_t = \sigma(\boldsymbol{W}_{hi}^{\mathrm{T}} \cdot h_{t-1} + \boldsymbol{W}_{xi}^{\mathrm{T}} \cdot x_t + b_i) \tag{5.7}$$

$$f_t = \sigma(\boldsymbol{W}_{hf}^{\mathrm{T}} \cdot h_{t-1} + \boldsymbol{W}_{xf}^{\mathrm{T}} \cdot x_t + b_f) \tag{5.8}$$

$$o_t = \sigma(\boldsymbol{W}_{ho}^{\mathrm{T}} \cdot h_{t-1} + \boldsymbol{W}_{xo}^{\mathrm{T}} \cdot x_t + b_o) \tag{5.9}$$

$$g_t = \tanh(\boldsymbol{W}_{hg}^{\mathrm{T}} \cdot h_{t-1} + \boldsymbol{W}_{xg}^{\mathrm{T}} \cdot x_t + b_g) \tag{5.10}$$

$$c_t = f_t \otimes c_{t-1} + i_t \otimes g_t \tag{5.11}$$

$$h_t = o_t \otimes \tanh(c_t) \tag{5.12}$$

式中 σ——sigmoid 函数；

tanh——隐藏层的激活函数；

g_t——中间层的输出；

$\boldsymbol{W}_{hi}$、$\boldsymbol{W}_{hf}$、$\boldsymbol{W}_{ho}$ 和 $\boldsymbol{W}_{hg}$——每层与 h_{t-1} 连接的权重矩阵；

$\boldsymbol{W}_{xi}$、$\boldsymbol{W}_{xf}$、$\boldsymbol{W}_{xo}$ 和 $\boldsymbol{W}_{xg}$——每层与 x_t 连接的权重矩阵；

b_i、b_f、b_o 和 b_g——每层的偏置项。

与 1997 年提出的 LSTM 模型相比，2014 年设计的 GRU 模型的网络结构更简单，只有两个门控单元（更新门 z_t 和重置门 r_t），没有存储单元。具体来说，是将 LSTM 模型中的 i_t 和 f_t 合并成 z_t，没有 o_t，且不区分长、短期状态，而是通过在当前

网络状态 H_t 和上一时刻网络状态 H_{t-1} 间引入线性依赖关系，以解决 RNN 存在的梯度发散等问题。单个时间步内的 GRU 模型结构如图 5.10 所示，由 z_t 控制 H_t 中要保存的 H_{t-1}，以及留存当前时刻候选状态 G_t 的量，而 r_t 将当前时刻的输入 x_t 和 H_{t-1} 进行结合，并指定了 G_t 对 H_{t-1} 的继承程度。

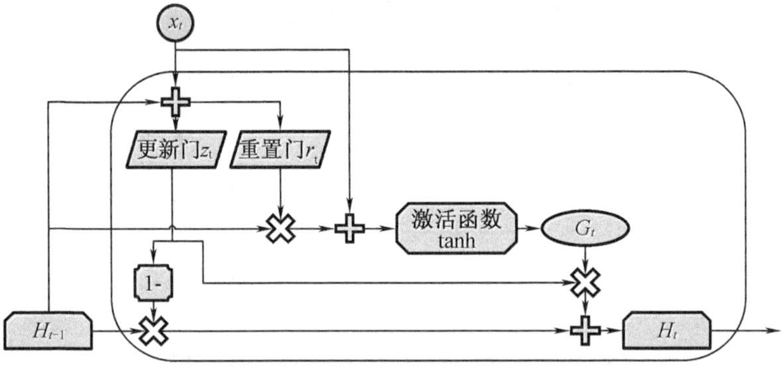

图 5.10　单个时间步内的 GRU 模型结构

GRU 模型可以看作 LSTM 模型的变体，在简化神经网络结构的同时保留了 LSTM 模型的效果，适用于硬件条件较低或时间成本较高的情况。GRU 模型的具体计算公式如下：

$$z_t = \sigma(\boldsymbol{W}_{Hz}^{\mathrm{T}} \cdot H_{t-1} + \boldsymbol{W}_{xz}^{\mathrm{T}} \cdot x_t) \tag{5.13}$$

$$r_t = \sigma(\boldsymbol{W}_{Hr}^{\mathrm{T}} \cdot H_{t-1} + \boldsymbol{W}_{xr}^{\mathrm{T}} \cdot x_t) \tag{5.14}$$

$$G_t = \tanh[\boldsymbol{W}_{HG}^{\mathrm{T}} \cdot (r_t \otimes H_{t-1}) + \boldsymbol{W}_{xG}^{\mathrm{T}} \cdot x_t] \tag{5.15}$$

$$H_t = (1 - z_t) \otimes \tanh(\boldsymbol{W}_{xG}^{\mathrm{T}} \cdot H_{t-1} + z_t \otimes G_t) \tag{5.16}$$

式中　W_{Hz}、W_{Hr} 和 W_{HG}——每层与 H_{t-1} 连接的权重矩阵；

W_{xz}、W_{xr} 和 W_{xG}——每层与 x_t 连接的权重矩阵。

5.4.3　预测结果

本次试验主要采用 Python 语言的常用开源第三方库 Pandas 和 NumPy，以及 Google 公司开发的 TensorFlow 2 深度学习框架，程序在台式计算机的图形处理器（GPU）上运行，计算机的主要参数见表 5.2。本章基于 LSTM 模型和 GRU 模型，分别对单变量与优化后的多变量时间序列预测模型进行了验证与对比，且研究了各模型的预测误差性能指标。

表 5.2 计算机的主要参数

操作系统	Windows 7 64 位
中央处理器(CPU)型号	Intel Core I5 -6500
图形处理器(GPU)型号	NVIDIA GeForce GT 720
CPU 频率/GHz	3.2
显存容量/GB	2.0
NVIDIA 的 GPU 计算能力	3.5

分别将预处理后的实海域船舶首、舯、尾 3 组垂向加速度时间序列作为 LSTM 模型和 GRU 模型的输入数据集,并将每组数据集的前 60% 的时间序列用作训练,后 40% 的数据用作预测。对神经网络模型的超参数进行测试与优化,最终确定本次试验的隐藏层节点数为 50 个,训练回合数为 500,样本数量为 128,采用 Adam 优化器,训练过程中需要最小化的目标函数是均方误差。为避免产生过拟合现象,采用深度学习中常用的正则化方法——丢弃法(Dropout)来处理预测数据,即在神经网络训练过程中随机去除一部分隐藏层神经元,稀疏化全连接网络,并降低神经元间的复杂共适应性,只用剩余的那部分神经元去新建神经网络,可以提高算法模型的鲁棒性。

表 5.3 给出了 12 组试验工况的输入与输出变量,并对比了不同程序的总运行时间与均方根误差(RMSE)。对于单变量时间序列预测程序,GRU 模型的 RMSE 均低于 LSTM 模型,且 GRU 模型的总运行时间可减少约 8% ,这与前面提到的 GRU 模型拥有更简单的网络结构有关;而对于多变量时间序列预测程序,GRU 模型的 RMSE 略高于 LSTM 模型,但其所耗时间仍然较少,且多变量时序预测程序所耗时间可比单变量时序预测程序减少约 55% ,其 RMSE 可减少约 20% ,在时间成本与计算精度方面均占据优势。此外,通过提升硬件性能,如 GPU 计算能力,还可以进一步减少时间成本。

表 5.3 试验工况

试验工况	神经网络模型	输入变量	输出变量	总运行时间/s	RMSE
案例 1	LSTM	a_1	a_1	76.71	0.093
案例 2	GRU	a_1	a_1	70.54	0.091

表 5.3(续)

试验工况	神经网络模型	输入变量	输出变量	总运行时间/s	RMSE
案例 3	LSTM	a_2	a_2	76.67	0.061
案例 4	GRU	a_2	a_2	70.62	0.060
案例 5	LSTM	a_3	a_3	76.75	0.087
案例 6	GRU	a_3	a_3	70.76	0.085
案例 7	LSTM	a_1、a_2、a_3	a_1	34.01	0.077
案例 8	GRU	a_1、a_2、a_3	a_1	32.95	0.079
案例 9	LSTM	a_1、a_2、a_3	a_2	33.58	0.043
案例 10	GRU	a_1、a_2、a_3	a_2	32.65	0.043
案例 11	LSTM	a_1、a_2、a_3	a_3	33.47	0.069
案例 12	GRU	a_1、a_2、a_3	a_3	32.92	0.071

实海域船舶垂向加速度时历数据的预测值与真实值的对比曲线如图 5.11 至图 5.13 所示,结合表 5.3 可以看出,LSTM 模型与 GRU 模型的 RMSE 基本相同且均小于 0.1,验证了神经网络模型和本书算法的可靠性;各个案例都能很好地预测加速度数据的总体趋势,其中多变量时间序列预测算法在加速度幅值发生较大变化时,仍能保持较好的预测效果;船首与船尾的加速度时间序列预测值不能准确捕捉到真实值的高幅值,导致其预测程序的 RMSE 比船中数据预测的要高。

图 5.14 以案例 8 为例,展示了神经网络模型训练和预测的损失曲线,其最终损失值均在 0.02 左右,未出现过拟合现象,进一步验证了预测结果的准确性。

结果表明,基于 GRU 模型的多变量时序预测算法在本书所研究的实际环境中具有更好的应用价值。该算法还可以作为其他人工智能系统的预测基础,包括运动预报、风险评估和结构变形检测等方面。今后的研究方向是进一步提高 LSTM 模型和 GRU 模型的泛化能力与稳定性,并在预测模型中引入更多关键性参数,结合更多变量来获得更佳的预测效果。

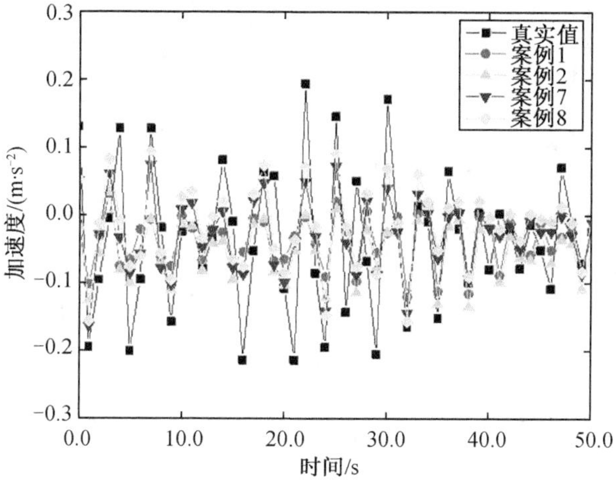

图5.11至图5.13
彩图

图 5.11　船首加速度预测结果

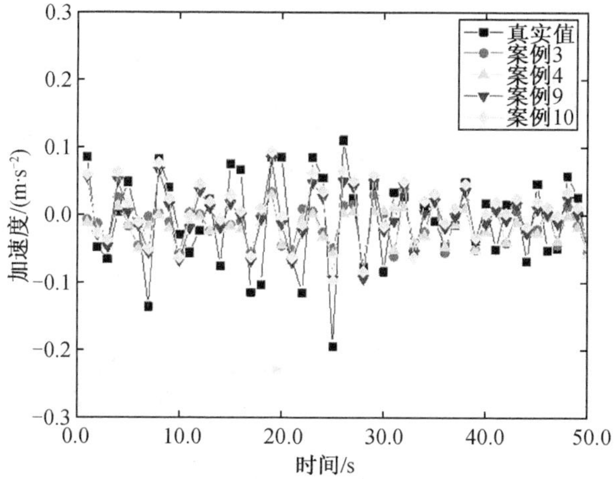

图 5.12　船舯加速度预测结果

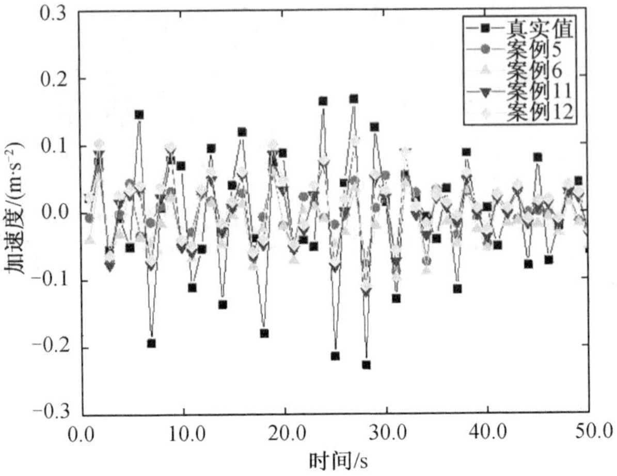

图 5.13　船尾加速度预测结果

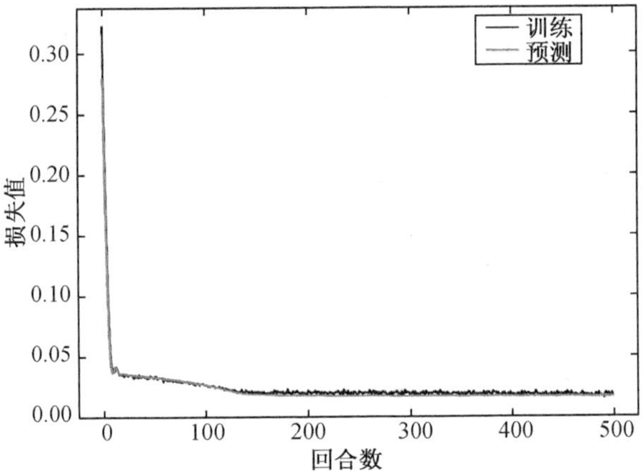

图 5.14　损失值对比(案例 8)

5.5　本章小结

本章介绍了大尺度船模实海域自航性能测试的实施流程,并提出一种基于递归神经网络(RNN)中的长短期记忆(LSTM)模型和门控制循环单元(GRU)模型的船舶运动实时预测算法。通过实海域大尺度船模自航试验获取船模首、舯、尾3处的垂向加速度时历数据，基于 Python 语言对原始数据进行重采样与归一化等预处理操作，再将 LSTM 模型和 GRU 模型分别应用于单变量和多变量输入的加速度时间序列的训练和预测，最后对比分析预测效果。结果表明，该算法能够准确预测实海域大尺度船模的加速度时历数据，预测值与真实值之间的均方根误差均不超过0.1。同时，优化后的多变量时序预测程序可比单变量时序预测程序减少约55%的计算时间，且 GRU 模型的运行速度均较优，在船舶运动实时预测方面具有良好的应用前景。

第6章　实海域试验结果分析

本章主要对实海域25 m大尺度船模的快速性、耐波性、操纵性试验结果进行分析。通过操纵性试验验证了所设计的船模综合系统的优良性、可靠性。应用等推力法和等扭矩法研究了复杂海洋环境下的伴流场对螺旋桨性能的影响。

6.1　阻力试验结果分析

实海域25 m大尺度船模的阻力性能测试，为了更准确、有效地获取测量数据，将阻力测试中所用到的仪器设备按功能、作用方式分为若干子模块，如高精度GPS/INS组合导航系统、自航模航向航速控制系统、数据信号采集存储系统等集成控制。海试期间各系统之间相互配合、协同作业，共同完成实海域大尺度船模阻力测试任务。

从图6.1、图6.2、图6.3可知，当弗劳德数$Fr=0.156$（$Fr=\frac{V}{\sqrt{gL_{\mathrm{WL}}}}$）时，数据采集系统所测的船模阻力值最大为2 481.34 N；当$Fr=0.076$时，船模阻力值最小为584.96 N。弗劳德数与船模航行阻力、摩擦阻力系数密切相关，随着弗劳德数不断变大，船模阻力也不断增加，摩擦阻力系数不断变小，总体趋势平缓。

如图6.4所示，对实海域船舶阻力性能试验结果的分析表明，节能装置（ESD）对船模阻力增量值的影响随着航速的增加而增加。

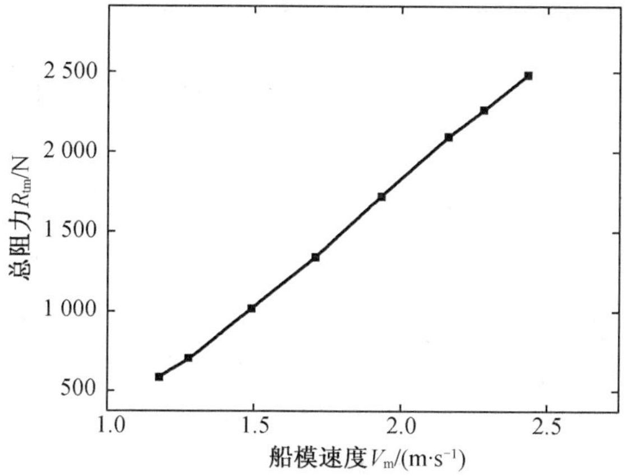

图 6.1 实海域船模阻力曲线图

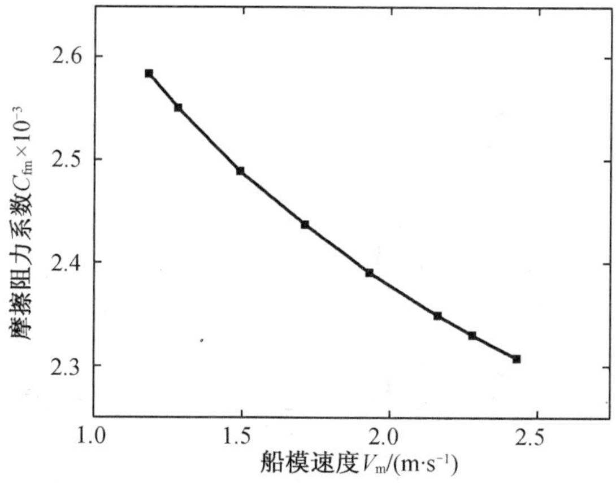

图 6.2 实海域船模摩擦阻力系数曲线图

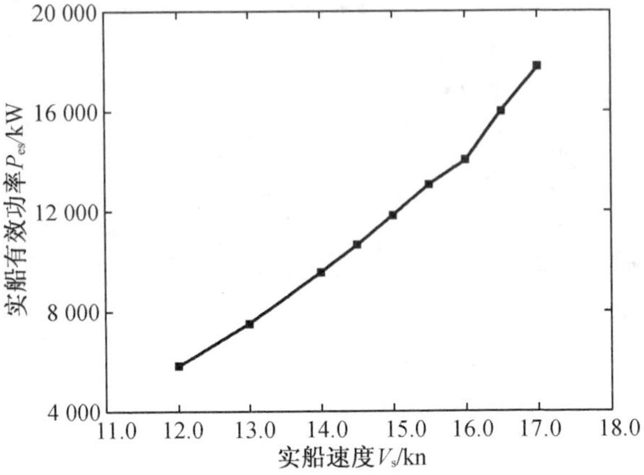

图 6.3　实船有效功率曲线图

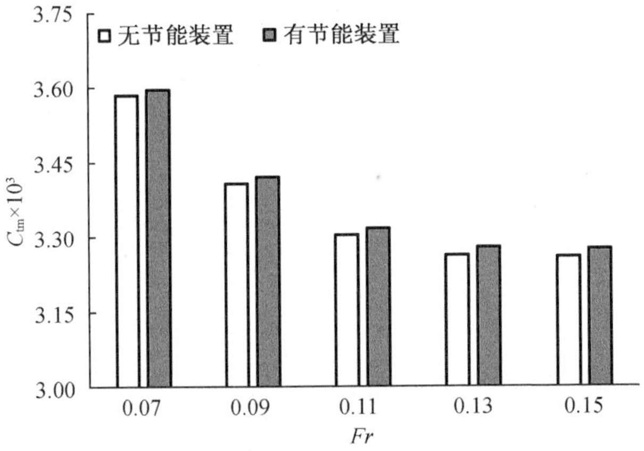

图 6.4　阻力试验中船舶阻力系数(C_{tm})随弗劳德数($Fr=\dfrac{V}{\sqrt{gL_{WL}}}$)变化的曲线

6.2　自航试验结果分析

如图 6.5、图 6.6 所示,其中,R_x 是基于阻力试验获得的 R_m 和自航试验期间的阻力增量 ΔR 的修正阻力,R_x 的误差小于 8%。节能装置(ESD)节能效果的研究具有明显的尺度效应。因此,研究安装在实海域船舶上的节能装置的性能具有重要意义。螺旋桨在实际海域中的工作性能与具有较低雷诺数的物理水池不同。从船模在实际海域的自航试验结果来看，在安装节能装置后，船舶的推进效率明显提高。在自航试验过程中，安装节能装置的螺旋桨的推进效率($\Delta\eta_D$)随着船舶速度的增加而增加，在 $Fr=0.15$ 时可达到 2.92%。

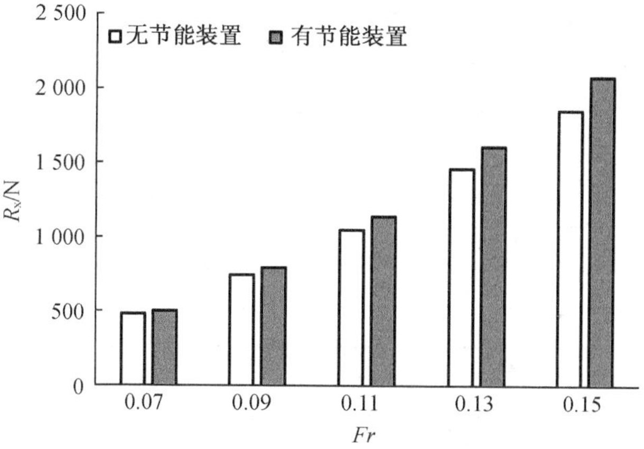

图 6.5　自航试验中修正后阻力($R_x = R_m + \Delta R$)随弗劳德数 Fr 变化的趋势

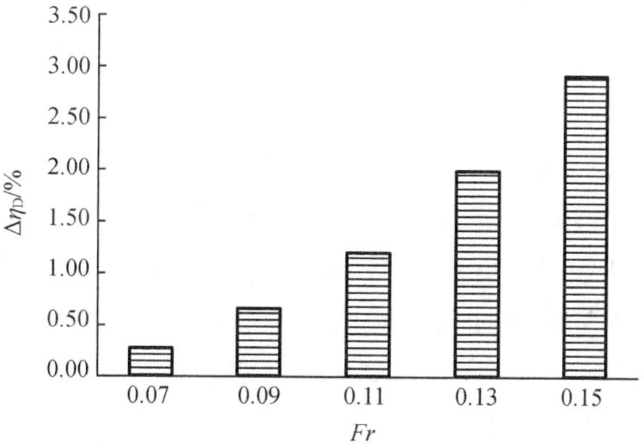

图 6.6　安装节能装置的螺旋桨推进效率增值($\Delta\eta_D$)随弗劳德数 Fr 变化的趋势

在一次试验中，螺旋桨推力 T 和扭矩 Q 随螺旋桨转速增加的时历曲线如图 6.7所示。对于每一个螺旋桨转速，螺旋桨推力和扭矩都达到一个稳定的状态，这个状态的振荡大约是一个平均值。此外，扭矩的振幅明显大于螺旋桨推力的振幅。

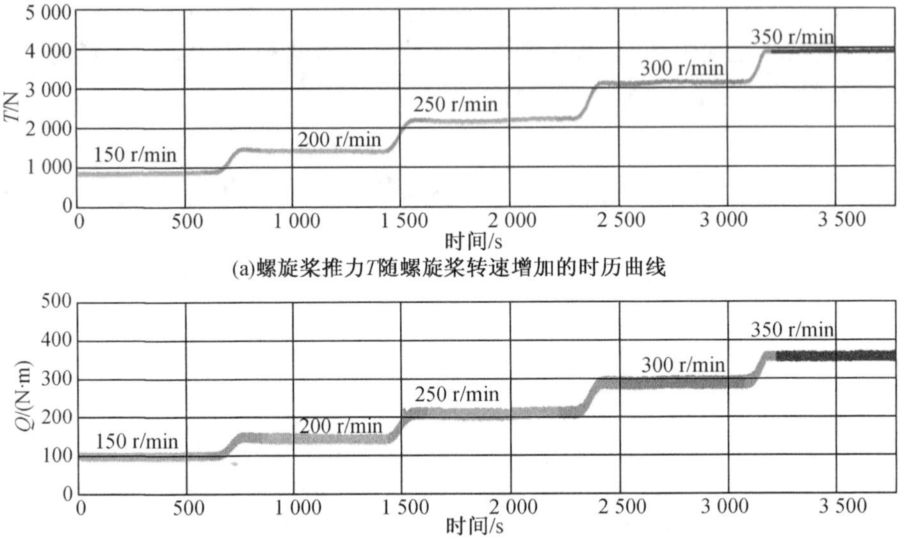

(a)螺旋桨推力T随螺旋桨转速增加的时历曲线

(b)扭矩Q随螺旋桨转速增加的时历曲线

图 6.7　螺旋桨推力 T 和扭矩 Q 随螺旋桨转速增加的时历曲线

图 6.8 比较了系泊试验和自航试验的结果,表明当螺旋桨进速为零时,螺旋桨的推力和扭矩都比较高。用断轴式自航仪测量螺旋桨推力和扭矩的误差小于 2% 。安装了节能装置后,螺旋桨的推力增大,扭矩减小,验证了节能装置的节能效果。采用的节能装置可实现以下节能效果:①预旋定子(PSS)通过改变水流方向产生有利的推力;②舵球通过削弱桨毂涡流,提高推进效率,防止水流分离。

耐波性试验在两种海况下进行,对应于实船的 5 级和 8 级海况。试验中对海况的判断来源于当地气象局对试验海域波高情况的预报和试验当天浮标浪高仪测量数据的实时监测。

与前面提到的一样,每次试验开始前使螺旋桨以 1 r/min 的转速运动,此时螺旋桨产生的推力很小,几乎可以忽略不计,这样做的目的是测量由于尾轴密封装置带来的影响。自航仪内部有两个推力传感器和一个扭矩传感器,污染处理得到的推力与扭矩的平均值分别为 T_{e1}、T_{e2}和 Q_e。

模型以恒定转数按预设方向前进,当速度稳定时,开始测试工作,测试时间为 120 ~ 150 s,记录螺旋桨的推力和扭矩、横摇、纵倾,以及垂向加速度的时历曲线。

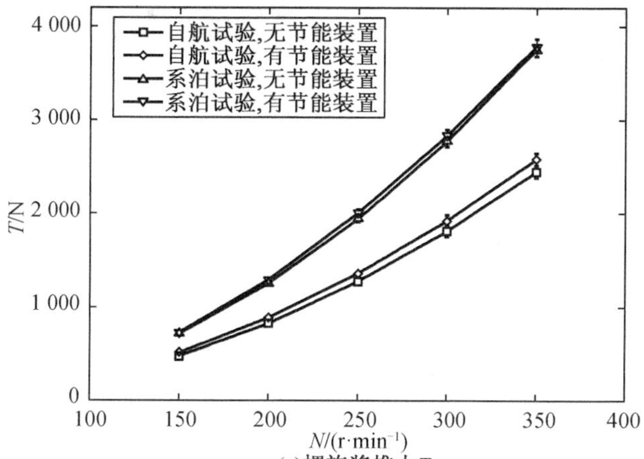

(a)螺旋桨推力T

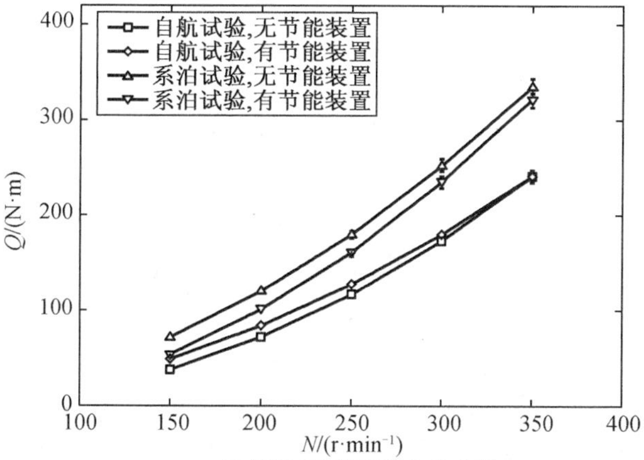

(b)扭矩Q随转速变化的曲线

图6.8 节能装置对螺旋桨推力 T 和扭矩 Q 的影响曲线

自航仪测得的推力与扭矩的平均值分别为 T_1、T_2 和 Q_1,实际螺旋桨产生的推力 T 与扭矩 Q 由式(6.1)、式(6.2)计算。

$$\overline{T} = (T_1 - T_{e1}) + (T_2 - T_{e2}) \tag{6.1}$$

$$\overline{Q} = (Q_1 - Q_e) \tag{6.2}$$

下面将以某一次的300 r/min 恒定转速试验为例展示试验结果。

图6.9展示了模型的运动轨迹路线,坐标原点(0,0)为开始记录运动数据的起始点,从图中可以很清楚地看到船模在蛇形前进。实际上,在运动过程中船模受到海洋中流与浪的影响,会产生横向漂移,需要不停地转换舵角。自动舵控制系统

具有自动和手动两种模式，但是在试验中发现对于惯性极大的矿砂船模型来说，手动控制直线航行的效率往往更高。

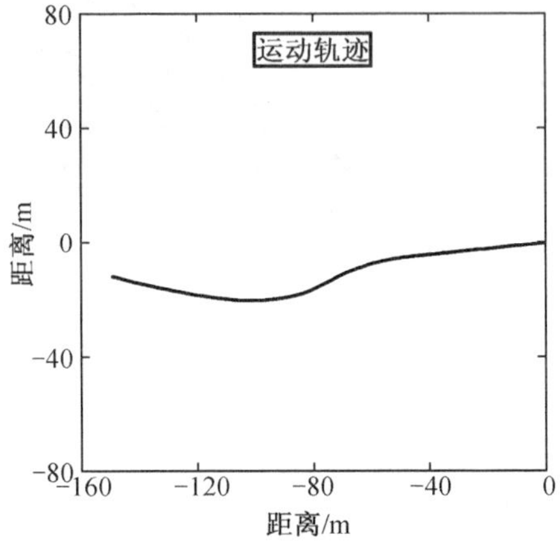

图 6.9　模型的运动轨迹路线

图6.10显示了船模多个主要运动参数的时间曲线。从图6.10(a)中可以看到船模的速度在1.6～2.0 m/s，相对比较稳定。每20 s时间内有4～5个峰值，峰－峰时间与波浪周期时间基本一致，船模的速度的不规则周期变化受到了波浪周期的显著影响。图6.10(b)看到横摇的浮动范围与纵倾相比更大，周期性更明显；纵倾角为常负值，这表明矿砂船在设计吃水时是以艉倾姿态航行。图6.10(c)(d)(e)是布置在艏、舯、艉3个位置的传感器记录的加速度信号，艏部、舯部传感器记录的曲线光滑，而艉部传感器记录的曲线毛刺结构明显，这是因为模型的动力系统和控制系统都布置在船尾，其产生的电磁对信号有一定的干扰作用。

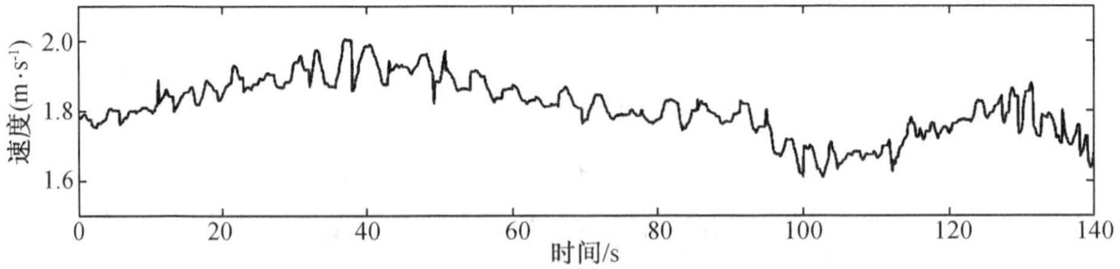

(a)

图 6.10　船模多个主要运动参数的时间曲线

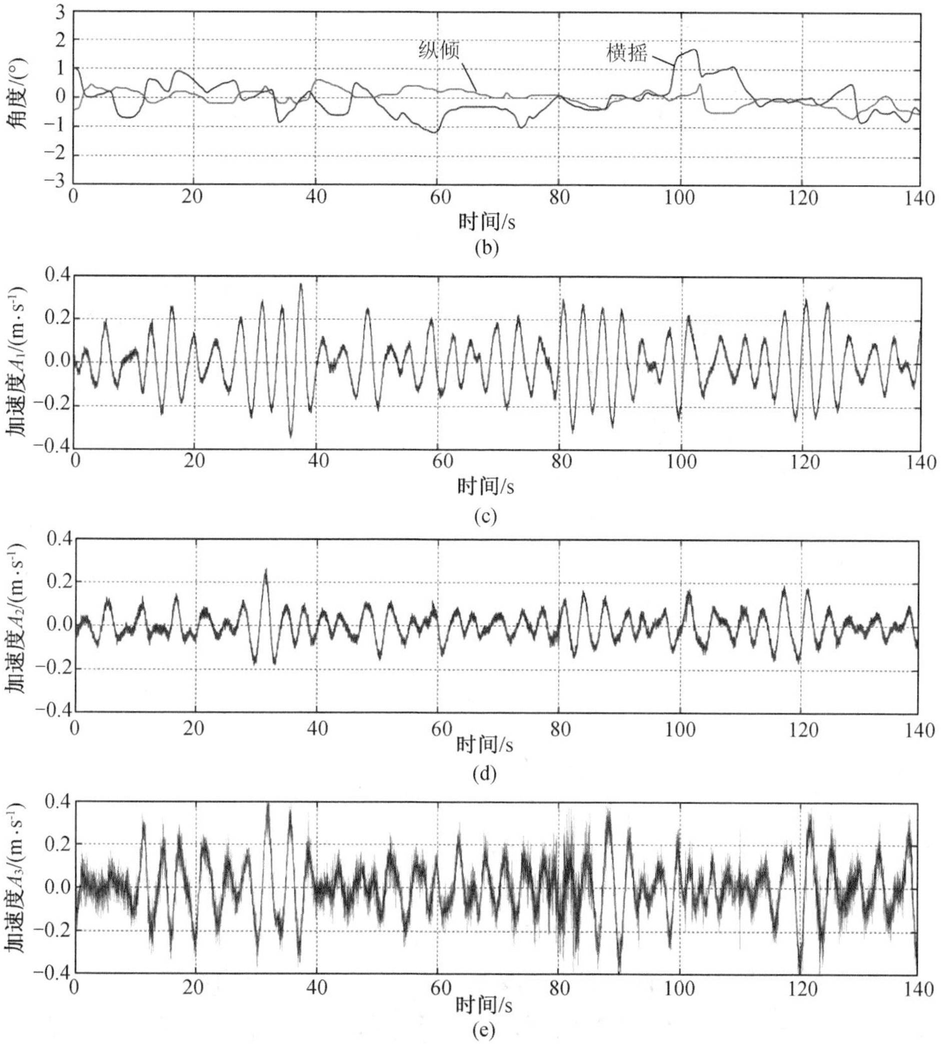

图 6.10(续)

6.3 复杂伴流场环境对推进性能的影响

考虑船后桨的实效伴流场的影响是研究船舶推进性能的重要研究内容。在实际海洋环境中,水下环境复杂,螺旋桨周围流场是极不均匀和难以预测的。流场的不均匀性对推进性能的影响最直观的表现方式就是其对推力和扭矩的改变。

研究流场不均匀性影响的一般方法为等扭矩法和等推力法。这两种方法可以分别求出流场不均匀性对推力和扭矩的影响。

下面介绍两种方法的分析思路和结果。

等扭矩法具体的分析思路如下。

对于每一次恒定转速的自航试验,测得的螺旋桨性能数据有平均推力$\overline{T}$和平均转矩$\overline{Q}$,假定敞水桨产生与$\overline{Q}$相等的 Q_0。该转速下对应的敞水桨转矩系数为

$$K_{Q_0} = \frac{Q_0}{\rho n^2 D^5} = \frac{\overline{Q}}{\rho n^2 D^5} \tag{6.3}$$

式中 n 和 D——船后螺旋桨的转速和直径;

ρ——海水密度,取 1 025 kg/m^3。

通过敞水效率曲线可以查得 K_{Q_0}所对应的进速系数 J_0 和推力系数 K_{T_0}。

此时,敞水桨所产生的推力为

$$T_0 = K_{T_0} \times \rho n^2 D^4 \tag{6.4}$$

定义 Γ 为流场不均匀性对推力的影响系数(简称推力影响系数),Γ 的物理含义为相同进速系数下船后螺旋桨实际发出推力与敞水螺旋桨预测推力的比值。其物理式为

$$\Gamma = \frac{\overline{T}}{T_0} \tag{6.5}$$

等推力法与等扭矩法类似,假设船后桨产生的扭矩与敞水桨相同,最后得到扭矩的比值。过程不做累述。

定义 η 为流场不均匀性对扭矩的影响系数,η 的物理含义为相同进速系数下敞水螺旋桨预测推力与船后螺旋桨实际发出扭矩的比值。η 实际上就是人们所熟悉的相对旋转效率,其物理式为

$$\eta = \frac{Q_0}{Q} \tag{6.6}$$

以某一天内多次航行为例研究流场不均性对推进性能产生的影响。

图6.11展示了推力影响系数Γ和螺旋桨进速系数J之间的关系，从试验结果来看，模型船航行时螺旋桨的进速系数大致分布在0.14～0.31，在此范围内推力影响系数与进速系数之间并未存在明显的线性关系，而是处在一个稳定的范围内。推力影响系数Γ的值为0.85～0.97，这说明实际海域复杂波浪情况下，船后螺旋桨受到斜流和进流不均匀的影响，水动力性能下降明显，推力的损失范围在3%～15%。

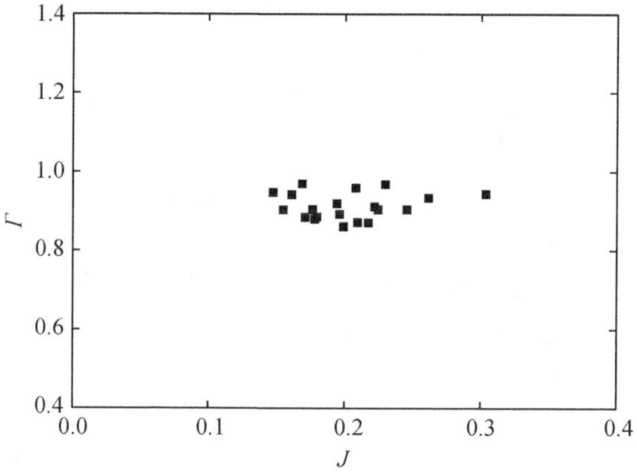

图6.11　推力影响系数和螺旋桨进速系数之间的关系

图6.12展示了扭矩影响系数η（相对旋转效率）和螺旋桨进速系数J之间的关系。进速系数分布在0.19～0.34，与等扭矩法相比，产生了向右的偏移。同样的，扭矩影响系数与进速系数之间也并未存在明显的线性关系，η的值为0.90～0.98。关于相对旋转效率的经验公式众多，一般认为普通单桨船的相对旋转效率为0.98～1.05。比较之下，在相同进速系数下，复杂海洋环境使得扭矩增加了约10%。

除此之外，在之前的计算中得到了每次航行的进速系数J，由式(6.7)可以获得每次航行过程中的伴流分数ω：

$$\omega = 1 - \frac{JnD}{V} \tag{6.7}$$

式中 $\overline{V}$——一段时间内的平均航行速度。

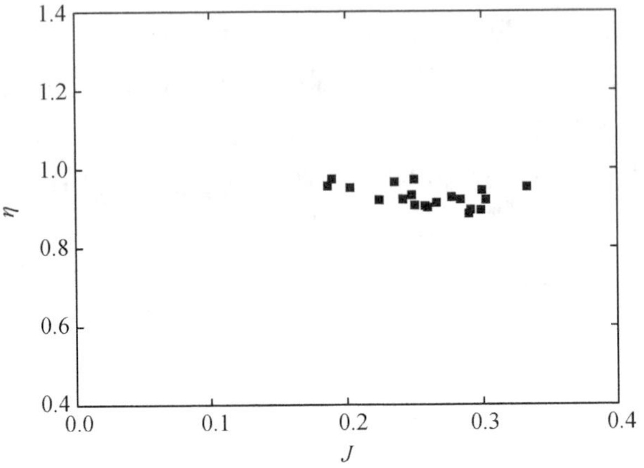

图 6.12 扭矩影响系数和螺旋桨进速系数之间的关系

图 6.13 展示了某一天内多次自由航行试验的伴流分数和螺旋桨进速系数之间的关系，与图 6.12 为同一天的试验数据。一般来讲，对于肥大型运输船舶，它的伴流分数往往为 0.3 ~ 0.4，从图中可以看到 ω 的分布区间要明显大于这个范围，这表明实海域试验的模型的桨与实船相比，受到不均匀来流的影响更显著。采用两种不同计算策略得到的伴流分数的大小存在一定的差距，等扭矩法得到的伴流分数要比等推力法大很多，为 5% ~ 30%。

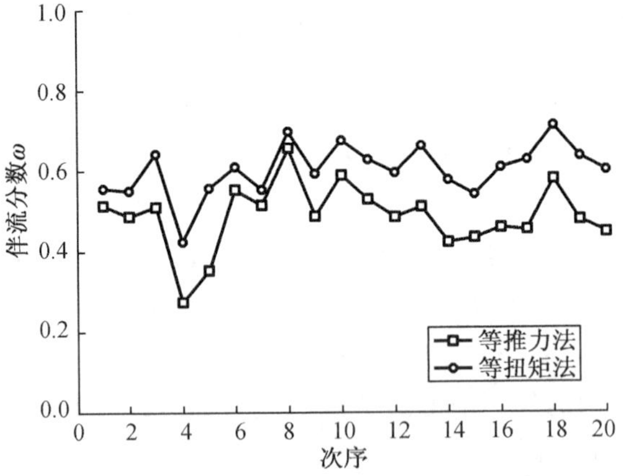

图 6.13 伴流分数和螺旋桨进速系数之间的关系

除此之外,模型船螺旋桨的进速系数的值低于实船,这种现象的产生与船－机－桨匹配问题有很大的关系。模型船的船体与螺旋桨为等比例缩放,原船的桨为实船的最佳匹配桨,并非船模的最佳桨。

从以上的分析可以了解到,在进行实海域模型试验时,螺旋桨的进速系数以及伴流分数存在明显的尺度效应。这是模型试验结果换算到实船需要重点关注的问题。

6.4　波浪对推进性能的影响

图 6.14 展示了不同海况和浪向条件下的螺旋桨性能数据,螺旋桨转速分别为 150 r/min(低转速)、200 r/min(中等转速)、270 r/min(高转速)、340 r/min(更高转速)。从图 6.14 中可以看到随着转速的上升,螺旋桨的推力和扭矩呈现了良好的线性上升趋势。在 5 级海况条件下,斜浪中螺旋桨的扭矩和推力总体上小于它们在迎浪条件下的数值,然而,在 8 级海况下,情况是相反的。在相同浪向角度条件下,高等级的海况对螺旋桨性能产生的影响表现为扭矩的下降和推力的上升。

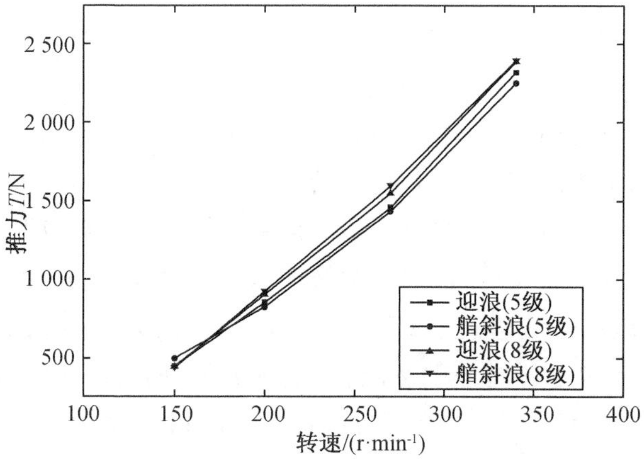

(a)推力

图 6.14　不同条件下航行时的螺旋桨性能数据

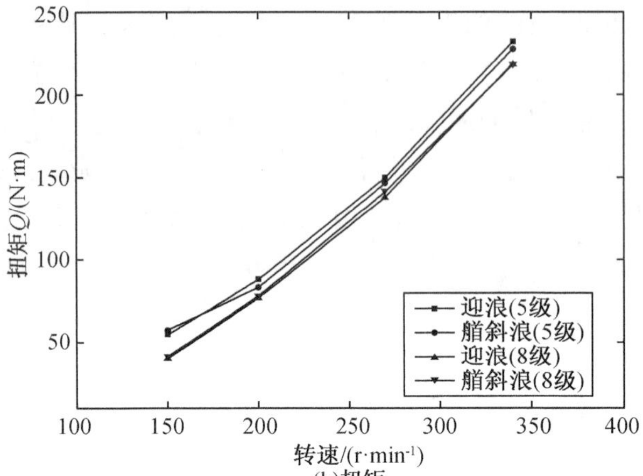

(b)扭矩

图 6.14(续)

为了更好地量化分析上述情况，在控制变量条件下，分别计算浪向和海况对推进性能产生的影响。

图 6.15 展示了浪向对推进性能的影响。纵坐标为同一海况和转数下，斜浪与迎浪中螺旋桨推力及扭矩的差值占基准量的百分比（以迎浪条件下的性能数据为基准量）。从图 6.15 中看到 5 级海况下，低转速时，浪向产生的影响十分显著，斜浪使得螺旋桨的推力和扭矩分别增加了 4.6% 和 11.8%。然而，在其他转数下，情况是相反的，扭矩和推力往往会降低 1% 至 3%。在 8 级海况时，斜浪条件下，推力和扭矩均在小范围内增加，增加的数值范围分别为 0.3% ~ 3.2% 和 0.3% ~ 2.8%。除此之外，可以看到海况越恶劣，浪向产生的影响越显著。

图 6.16 展示了不同海况对推进性能的影响。同样的，纵坐标是 8 级海况与 5 级海况下螺旋桨推力及扭矩的差值占基准量的百分比（以 5 级海况条件下的性能数据为基准量）。从图 6.16 中可以看到低转速时，数据的差异性同样十分显著，不同浪向条件下扭矩的降低达到了 27% 左右，迎浪中推力几乎无变化，斜浪中推力下降了约 10%。不考虑低转速的影响，发现随着转速的提高，推力和扭矩的影响曲线呈现了良好的线性变化。不论何种浪向条件下，海况对螺旋桨性能的影响随着转速的提高而下降。

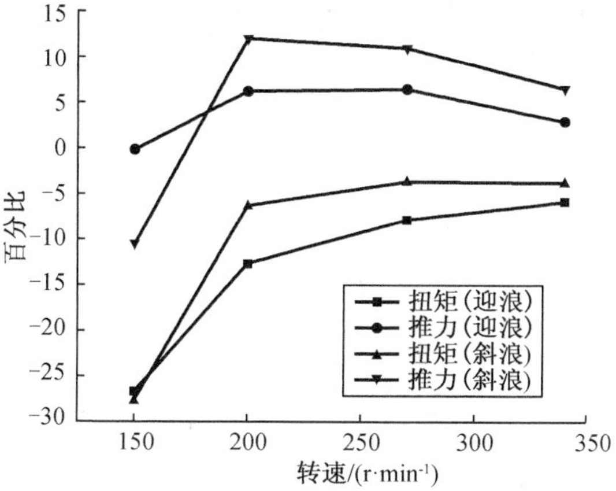

图 6.15　浪向对推进性能的影响

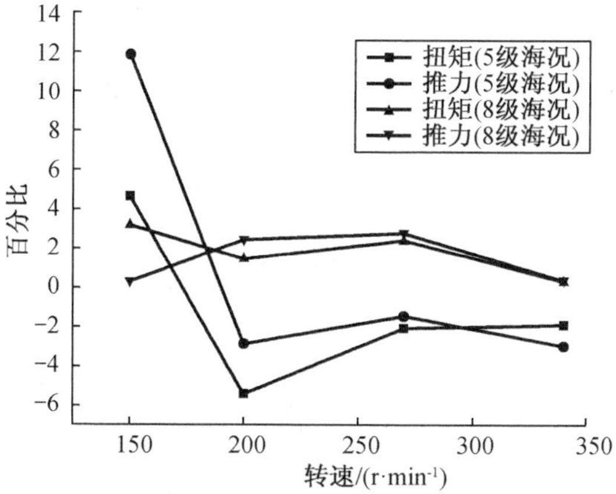

图 6.16　不同海况对推进性能的影响

图 6.17、图 6.18 分别展示了 250 mm 波浪自航试验中螺旋桨转速与所产生推力、扭矩的关系曲线，随着螺旋桨转速的增加，其产生的推力和扭矩呈现出了良好的上升趋势。从图 6.17 中可以看出，无论是迎浪还是艏斜浪中，节能附体使得螺旋桨推力产生了明显提升，尤其是在高转速情况下，推力增加了 13% ~15% 。如图 6.18 所示，从整体来看，节能附体对于该海况下螺旋桨的扭矩也同样产生了有益影响，安装节能附体后，数值下降明显；迎浪时，螺旋桨在较高转速下的扭矩下降了约 5%；艏斜浪时，螺旋桨在较高航速下的扭矩下降了 3% ~7% 。

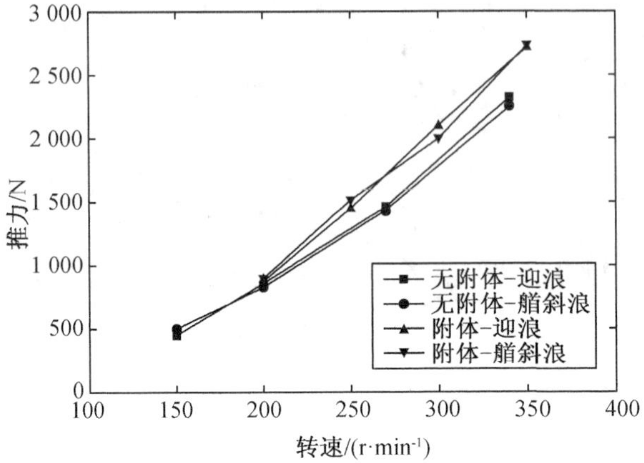

图 6.17　250 mm 波浪自航转速 – 推力关系曲线

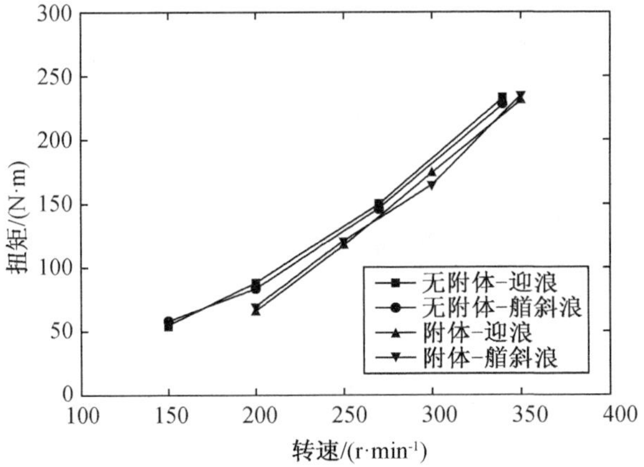

图 6.18　250 mm 波浪自航转速 – 扭矩关系曲线

图 6.19、图 6.20 分别展示了 500 mm 波浪自航试验中螺旋桨转速与所产生推力、扭矩的关系曲线。从图 6.19 中可以看到，与 250 mm 波浪中自航结果相比，节能附体对推力的有益影响发生了下降，在较低转速时甚至产生了相反的作用；当螺旋桨以较高转速运转，迎浪情况下的螺旋桨推力增大了 8% ~12%，艏斜浪情况下则增大了 3% ~10%。从图 6.20 中可以看到，在该海况下组合节能附体对螺旋桨扭矩的影响并不明显，当螺旋桨以最小转速或最大转速运作时，组合节能附体的安装使得扭矩增大，产生了消极影响；当安装组合节能附体之后，螺旋桨以较适中转速运作，迎浪中的螺旋桨扭矩下降了 1% 左右，艏斜浪中则下降了 2% ~5%。

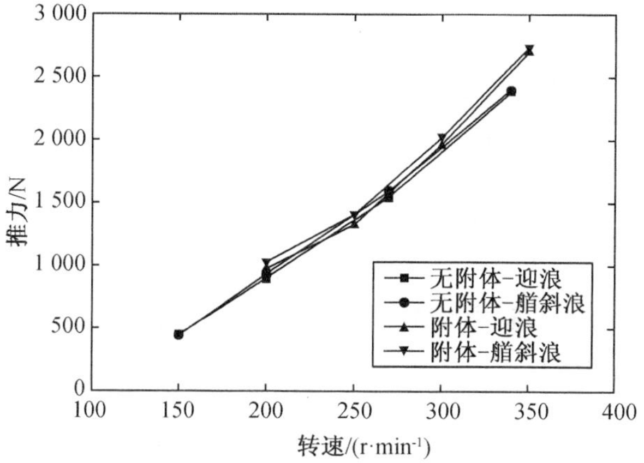

图 6.19　500 mm 波浪自航转速－推力关系曲线

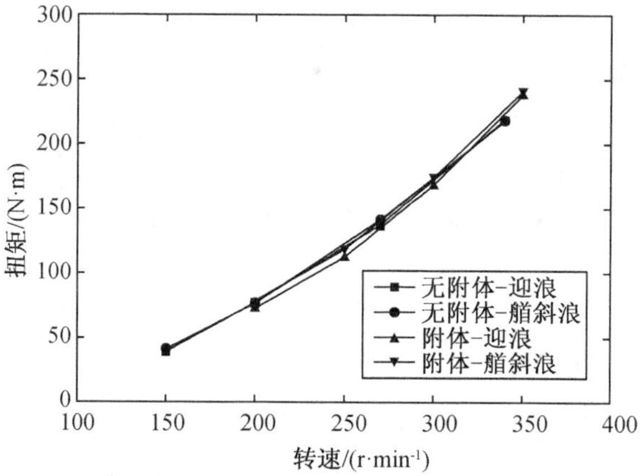

图 6.20　500 mm 波浪自航转速－扭矩关系曲线

6.5　操纵性试验结果分析

船舶操纵性是船舶的重要性能之一，与商船航行的安全性、经济性及军舰的战斗力和生命力有着密切关系，因此模型操纵性试验是不可或缺的。根据船模自航试验测得的直接数据，借助于数学模型，用系统识别的方法，可求得表征船舶操纵性的特征参数，如回转指数 K、应舵指数 T 等。本节以回转性试验和 Z 形操纵试验为例展示实海域大尺度模型操纵性试验的结果。

6.5.1 回转性试验

模型回转性试验记录的主要数据为运动数据，用来分析船舶回转运动时的各要素，如图 6.21 所示。试验中螺旋桨以定转速运转，轨迹、航速、艏向角、横倾角等运动信息均有记录。试验数据记录的时间原点为转舵瞬间。

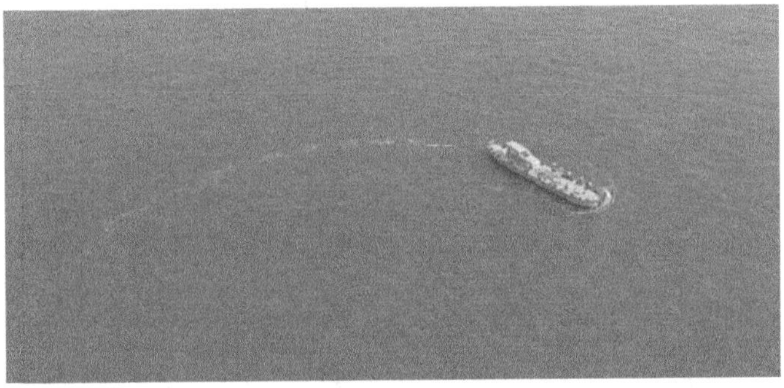

图 6.21 回转试验

回转轨迹圆如图 6.22 所示，从图中可以看出，GPS 记录的轨迹数据非常清晰。图 6.23 为回转运动中航速、横摇角和纵摇角随时间变化的曲线。

6.5.2 Z 形操纵试验

船舶在实际行驶时，经常以较小的舵角不断地进行左右操舵，Z 形操纵试验正是模拟船舶实际操纵模式的一种试验，也被公认是确定船舶回转指数、应舵指数的标准方法。本小节将介绍大尺度模型的 20°至 −20° Z 形操纵试验测量结果。

图 6.24 展示了 Z 形试验中航向角与舵角之间的关系。试验中舵角由 20°至 −20°的转换时间间隔较短，为 1 ~ 2 s。从图中可以看出，数据的规律性十分明显。

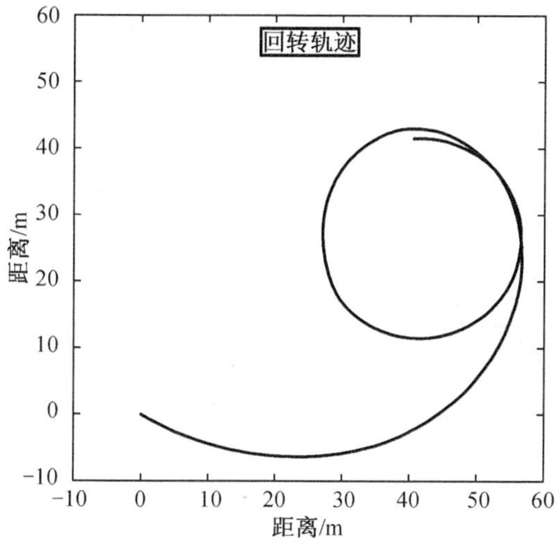

图 6.22 回转轨迹圆

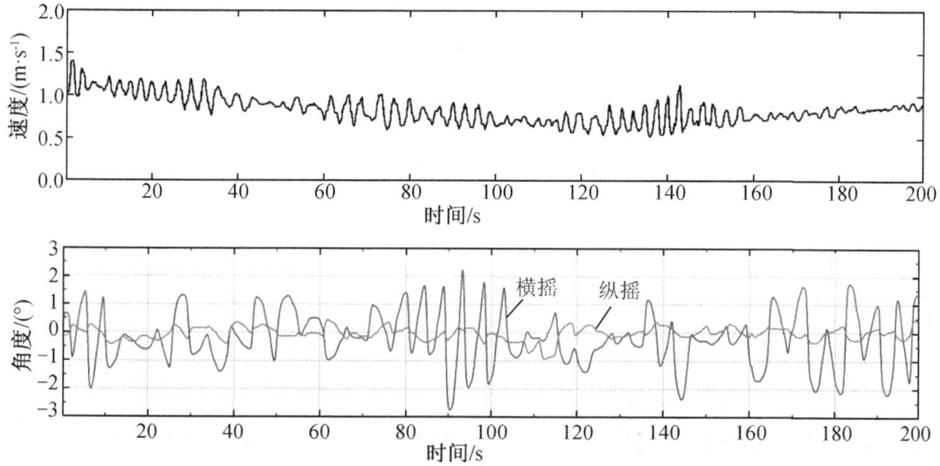

图 6.23 回转运动中航速、横摇角和纵摇角随时间变化的曲线

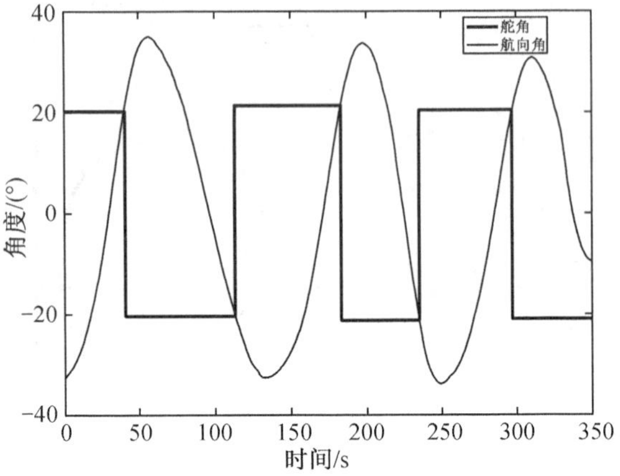

图 6.24　Z 形试验中航向角与舵角之间的关系

6.6　本 章 小 节

本章对在实海域开展的大尺度船模的快速性、耐波性试验结果进行了分析。对实海域船舶阻力性能试验结果的分析表明，节能装置对船模阻力增量值的影响随着航速的增加而增加。节能装置的节能效果具有明显的尺度效应；螺旋桨的进速系数及伴流分数也存在明显的尺度效应。因此，研究安装在实海域船舶上的节能装置的性能具有重要意义。螺旋桨在实际海域中的工作性能与具有较低雷诺数的物理水池不同。从船舶在实际海域的自航试验结果来看，在安装节能装置后，船舶的推进效率明显提高。不论何种浪向条件下，海况对螺旋桨性能的影响随着转速的提高而下降。通过操纵性试验，获得了回转性及 Z 形操纵运动曲线。

第 7 章　实海域试验不确定度分析方法

7.1　不确定度分析的目的和意义

“不确定”一词的意思是怀疑，在广泛的意义上来说，“测量的不确定度”意味着“对测量结果有效性的怀疑”。“不确定度”作为一种可以量化的属性，在测量领域是一个新的概念。事实上，误差以及误差分析的概念长期以来一直是科学、工程和计算测量的一部分。当所有已知的或怀疑的组成部分都已经被评估，并且进行了适当的修正的情况下，相关的试验结果的“真实性”的不确定度依然是存在的，它指的是测量的结果在多大的程度上能够代表被测量事物的价值的问题。在不确定度的分析过程中，一般不会讨论“真值”的获得方法，因为测量的真值可能是永远都不能被得知的。

为了对实海域大尺度模型试验的各种设备仪器进行校验，对试验方法进行论证，对试验中各种误差源的影响进行研究，估计整体合成的试验误差大小，有必要对实海域大尺度船模试验进行不确定度分析。在此过程中，能够得出各部分对试验不确定度的贡献，分析对试验的精准进行阻碍较大的不确定度来源，从而找到进一步提高试验准确性的改进措施，有利于实海域测试技术的发展。

接下来将详细介绍目前国际上比较认可的，并能被应用于大尺度模型试验的几种不确定度分析方法。

7.2 基于 AIAA 的试验不确定度评定方法(ITTC 2002)

7.2.1 误差的概念

准确度这个词通常用来判断一个试验确定值和它的真实值之间的一致性。误差是试验测定值与真实值的差值,当误差趋近于零时,精确度就会提高。在 ITTC 2002 规程中,对试验不确定度的分析表示为对误差的估计。误差 δ 可以分为两部分:精度差 ε(随机的)和偏差 β(系统的)。如果说一个误差表现为数据的分散程度,就被称为精度差,否则就是偏差。如果试验系统中的所有错误都被修正了,那么剩下误差正负的可能性是相等的。测量误差和准确度间的关系如图 7.1 所示,从图中可以看出,只有同时满足精度和偏差的要求,才能保证测量误差小,准确度高。

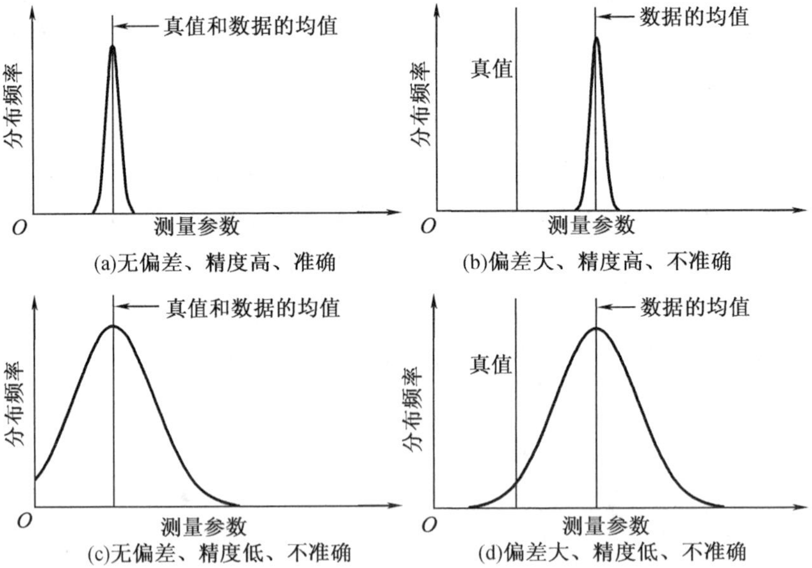

图 7.1 测量误差(偏差、精度、准确度)间的关系

如果对某个变量进行 N 次测量，那么偏差就是给出了读数的平均值 μ 和该变量的真实值之间的差值。对于测量某些变量的单一仪器，偏差 β 是固定的、系统的或恒定的误差（例如刻度分辨率）。由于偏差值是固定的，因此无法从统计学上确定偏差的大小。将对偏差 β 的不确定度估计称为偏差限 B。在估计偏差时，可以假设它是通过对可能偏差的初始分布情况的一些统计经验而得到的。在一些仪器的生产过程中，通常从总分布中选择包含有 95% 数据的区间作为偏差的计算依据。

精度差 ε 属于随机误差，即每次测量值都可能会变化。当选择在某一固定的测试条件下进行重复测量时，会得到数据的分散，这就是精度差。精度差受到试验的重复性、设备和环境的影响。人们通常使用统计学的方法来估计精度差的大小，并将其不确定度的估计值称为精度限 P。

7.2.2 输出量的函数表达式和误差源

很多情况下，最终的结果 Y 不能直接得到，而是由 N 个其他物理量 $X_1, X_2, \cdots, X_N$ 通过函数定义式 f 得到，即

$$Y = f(X_1, X_2, \cdots, X_N) \tag{7.1}$$

输出量 Y 的输入量 $X_1, X_2, \cdots, X_N$ 自身可看作被测量，其本身可能也取决于其他量，包括修正系数影响的修正值和修正因子，所以也需要被分析。其他的因素，例如不同的观测者、测量仪器的精度、不同的实验室环境、观测的次数等，都应该被考虑进来。因此定义式 f 不仅仅表达一个物理规律，还要表达整个测量过程，特别是要包含所有可能导致输出量 Y 不确定度的量。

对测量物理量 Y 的估计值用 y 表示，用 $x_1, x_2, \cdots, x_N$ 表示物理量 $X_1, X_2, \cdots, X_N$ 的估计值，即

$$y = f(x_1, x_2, \cdots, x_N) \tag{7.2}$$

例如，在 ITTC 2002 推进试验规程中，性能的数据简缩方程如下。

雷诺数：

$$Re = f(\rho, V, D, \mu) = \rho VD/\mu \tag{7.3}$$

进速系数：

$$J = f(V, n, D) = V/(nD) \tag{7.4}$$

推力系数：

$$K_T = f(T,\rho,D,n) = T/(\rho D^4 n^2) \tag{7.5}$$

转矩系数：

$$K_Q = f(Q,\rho,D,n) = Q/(\rho D^5 n^2) \tag{7.6}$$

式中，Q、T、ρ、μ、D、n 分别代表桨的转矩、推力、水的密度、黏性系数以及桨的直径和转速。因此，对 K_Q 的评估可以由对物理量 Q、ρ、D、n 的分析得到，而对这几个参数的评估则可以由测量仪器直接测得。在 ITTC 2002 规范中，将 B 和 P 分别用来表示偏差与精度差的大小，图 7.2 反映了误差来源、测试系统、测量变量、输出物理量的表达式和最后不确定度分析结果的关系。

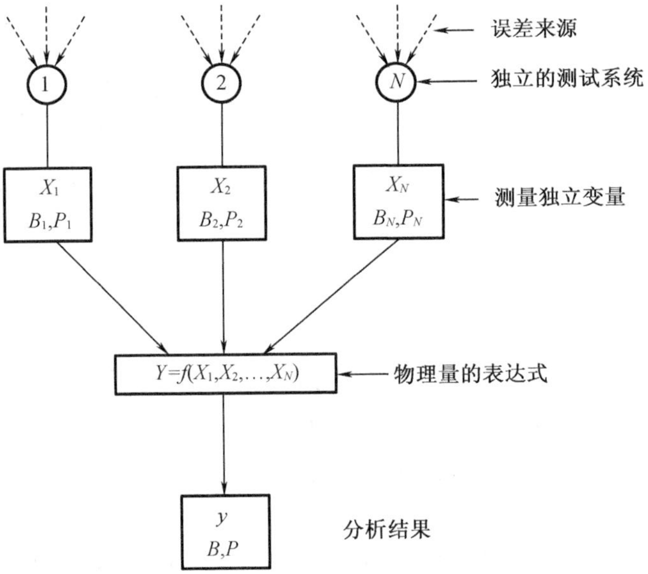

图 7.2　误差向试验结果的传递过程

用于测量单个变量 X 值的每个独立的测量系统都受到大量基本误差源的影响，表现在误差的两个方面。这些影响通过数据的简缩方程传递，最后体现为对输出量的误差。

在典型的拖曳水池试验中，试图确定每个基本误差源的精度差是不经济的，因此人们通常选择一组元素来计算总的偏差。这样，每个测量独立变量的精度就变成影响总精度的一个因素。事实上，如果能够对一点进行多次重复性试验，那就可以直接计算输出量的精度限。

另一方面,对于偏差的计算来说,从基本误差源入手反而是最容易的。举例来说:在阻力试验中,想要得到力传感器在试验中的偏差,仅靠阻力试验数据是确定不了的,这种情况下只能从传感器的标定入手,否则就只能根据厂家给的说明书进行估计。然而,这并不意味着必须对测量部分中的每个组成部分都进行偏差评估,有些情况只需对一个测量系统中的主要模块进行校准即可。

7.2.3 误差组成部分的计算

前面已经提到,人们用精度限来量化精度差的大小,其表示的意义如图 7.3 所示。如果在相同的条件下,使用同样的设备进行多次试验,在 100 次试验中,有 95 次试验值都落在 X_i 的 $\pm P_i$ 的区间内,那么就可以将 P 称作对应变量 X 在 95% 置信区间内的偏差限。现在人们将这个区间称为包含区间,图中所示的这个区间很明显不是最短的包含区间。

在这种情况下,X_i 的不确定度 $\pm U_i$,表示实验员对 95% 的试验数据的确定程度,它与精度限 P_i 和偏差限 B_i 的关系为

$$U_i = (B_i^2 + P_i^2)^{\frac{1}{2}} \tag{7.7}$$

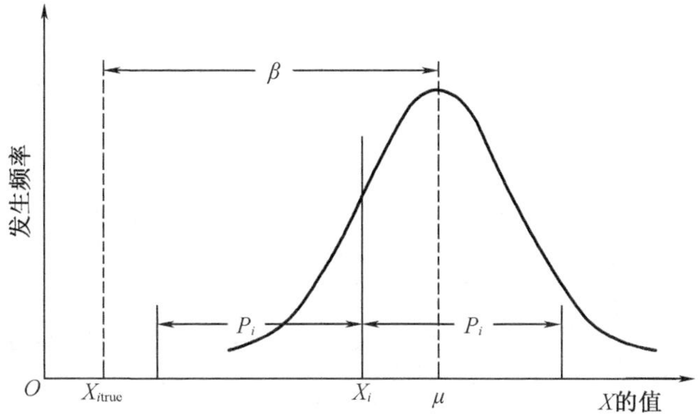

图 7.3 物理量精度差的意义

1. 精度限的基本运算

被测变量的精度限为

$$P_i = KS_i \tag{7.8}$$

式中，K 为包含因子，当取 $K=2$ 时，对应的正态分布 95.45% 的置信概率。S_i 表示的是变量 X_i 的 N_i 个样本的标准差，即

$$S_i = \left(\sum_{k=1}^{N_i} \frac{[(X_i)_k - \overline{X}_i]^2}{N_i - 1} \right)^{\frac{1}{2}} \tag{7.9}$$

式中，$\overline{X}_i$ 表示样本的均值。

$$\overline{X}_i = \frac{1}{N_i} \sum_{k=1}^{N_i} (X_i)_k \tag{7.10}$$

如果选择采用多次试验的平均值来计算结果时，相应的精度限为

$$P_{\overline{X}_i} = \frac{P_i}{\sqrt{N_i}} \tag{7.11}$$

对于水池试验来说，一般在稳定的条件下进行数据采集。但是实际上，有些变量会随着时间的变化产生波动，如图 7.4 所示，时间间隔 Δt 的选择会对变量的取值产生很大影响。对于这种情况，有些研究人员会将多个时间间隔里不同变量的值代入简缩方程进行计算。然而，有时候很难对整个试验过程都进行数据测量，因为有些试验的周期可能会持续好几个小时，有的甚至好几天都没有完成一个变化的循环。所以对有些试验变量而言，使用样本均值的精度限计算公式反而是不准确的，并不能完全反应数据的精度。事实上对于实海域试验而言，某些环境变量的波动是剧烈的。

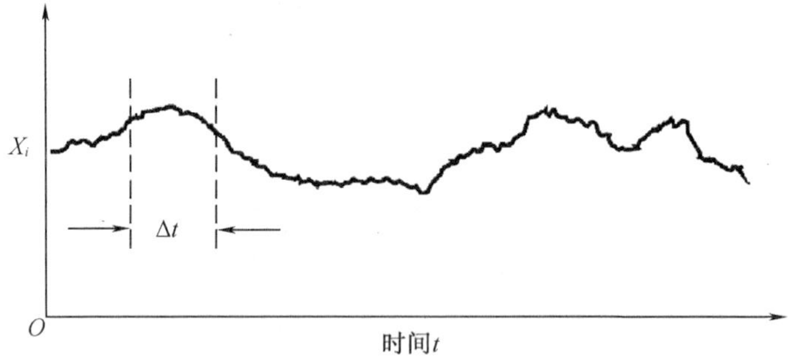

图 7.4　试验测得数据随时间的波动

精度限的概念对于试验程序的各个阶段都是很有用的。例如，在试验设计阶段，人们可以基于过去测量的经验，估计本次试验中数据在相应置信区间内可能的

分布情况。在试验的调试阶段,可以将设计阶段的估计值与多次调试得到的样本的精度限进行比较,从而可以验证是否所有影响测试精度的因素都被考虑到了。

2. 偏差限的基本运算

一种估计偏差的有效方法是假设它属于某种统计分布,常见的如正态分布、均匀分布、梯形分布等。根据测量变量的偏差的来源又可以将相应的误差分为很多类,如校准误差、数据采集误差、函数方程表达的误差、测量技术的误差等。在每个类别中,可能会有几个基本偏差来源。对于一个变量 X_J,如果有 M 个重要的偏差因素,则它们的偏差可由 $(B_J)_M$ 表示。则总偏差限的计算公式如下:

$$B_J = \left[\sum_{k=1}^{M}(B_J)_k^2\right]^{\frac{1}{2}} \tag{7.12}$$

对于偏差限 $(B_J)_k$ 的计算必须使用当前可用的最佳信息对每个变量进行估计。在试验的设计阶段,制造商的规格说明和前人的经验通常被作为设计基础。

7.2.4 对结果的精度限评估

1. 复合航次试验

如果一个试验重复了很多次,并且在同一点的结果都是可用的,那么结果的最佳估计值可以用 $\bar{y}$ 表示,即

$$\bar{y} = \frac{1}{M}\sum_{k=1}^{M} y_k \tag{7.13}$$

式中,M 是试验重复的次数,相应的精度限可表示为

$$P_{\bar{y}} = \frac{KS_f}{\sqrt{M}} \tag{7.14}$$

式中,K 为包含因子,通常取 2;S_y 是 M 个样本结果的标准差,即

$$S_y = \left[\sum_{k=1}^{M}\frac{(y_k - \bar{y})^2}{M-1}\right]^{\frac{1}{2}} \tag{7.15}$$

值得注意的一点是,这种针对复合航次的精度限计算方法只适用于那些在重复测量期间仍处于“活跃”状态的随机误差源。也就是说,如果在进行每次试验之前没有对船模或者测试系统进行拆卸和重组,那么就不能用这种方式进行精度限计算。进一步来讲,如果测试条件没有改变,那么有关重置试验条件而引起的精度限变化就不能被考虑在内。所以,在进行评估时要充分了解复合航次试验的标准。

2. 单航次试验

之前提到试验中较多的情况是，对变量的测量值在一个较小的时间段内进行平均，但是该时间段与误差源变化的整个循环周期相比要小得多，所以无法根据如此短的时间间隔获得的读数来计算适当的精度限。对于此类试验应该将变量 X_i 的测量视为一次读数，并基于之前有过的试验经验数据来估算精度限。一旦获得所有变量的精度限估计值，可以使用式(7.16)计算结果的总的偏差限：

$$P_y = \left[\sum_{i=1}^{J}(\theta_i P_i)^2\right]^{\frac{1}{2}} \tag{7.16}$$

式中，θ_i 为灵敏度系数，即

$$\theta_i = \frac{\partial y}{\partial X_i} \tag{7.17}$$

实际的取数方式应根据具体的试验方案来选择。

7.2.5 对结果的偏差限评估

偏差限的计算方法与试验重复的次数无关，如果结果的表达式为

$$y = f(X_1, X_2, \cdots, X_J) \tag{7.18}$$

那么该结果的总偏差限与各变量 X_i 的偏差限 B_i 有关，即

$$B_y^2 = \left(\sum_{i=1}^{J}\theta_i^2 B_i^2\right) + 2\theta_m\theta_n B'_m B'_n \tag{7.19}$$

式中，θ_i 为灵敏度系数；B'_m和 B'_n表示的是变量 X_m 和 X_n 相关的具有相同误差源的偏差限部分。相关偏差指的是相互之间不独立的偏差，对于 L 个在变量 X_m 和 X_n 测量中存在的相关偏差源可表示为

$$B'_m B'_n = \sum_{\alpha}^{L}(B_m)_\alpha (B_n)_\alpha \tag{7.20}$$

值得注意的是，根据不同的试验方法，不同变量测量中相关偏差限的影响可以改变最终结果的偏差限。当式中的 $\theta_m\theta_n$ 为正值时，总偏差增加；$Q_m Q_n$ 为负值时，总偏差减小。这表示相关偏差的存在对测量准确度而言并不一定是有害的，如果在设计试验过程中采用适当的方式，有时可以对其加以利用。

7.2.6 方法小结

早期试验不确定度分析的实质就是误差分析，引入了误差的两个组成部分：偏

差与精度的概念。不确定度的评估流程如图 7.5 所示。

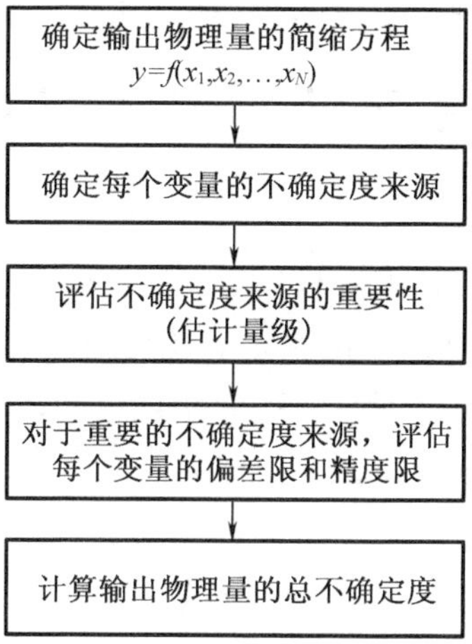

图 7.5 不确定度的评估流程

对于每个试验的物理量,首先要确定数据的简缩方程,继而才能找到每一个变量对应的不确定度来源。一旦确定了误差的源头,就应该考虑它们的相对重要性,通常是对数据的数量级进行估计。对于某个变量 X_i,一些小于最大误差来源的 1/4 或 1/5 的来源可以选择忽略,把研究的中心放在主要的不确定度来源上。

接下来是对每个变量的精度限和偏差限进行计算。对于大多数水池试验来说,在基本误差源的水平上估计精度限往往是不经济的,也是没有必要的,除非是影响较大的因素。在计算过程时,如果进行了多次相同的试验,那么用平均值的算法可以得到更高的精度。偏差源的计算方法则相对固定。

最后,计算试验物理量的偏差限、精度限和总的不确定度。这里要注意的是,这些方法都取的是泰勒展开式中的近似解。如果想得到更精确的结果,可以采用解析法来进行不确定度的求解,但是,相对的计算难度可能会增加很多。

7.3 基于 GUM 的试验不确定度评定方法(ITTC 2014)

在针对船模阻力试验的新版 ITTC 方法中,移除了原有的误差、偏差、精度差这些概念,引入了一系列不确定度的术语。相比而言,试验不确定度的评定更加简洁,可操作性更强。然而需要注意的是,即使规范的表述上有差别,从工作的实质上来讲,AIAA 与 GUM 方法的核心内容是相同的,并且前者依然是委员会对水池自航试验不确定度评估的推荐方法。两种方法间类似的内容将不再赘述,本节主要介绍新方法的一些改进和对不确定度的分类。

7.3.1 不确定度分类

JCGM(joint committee for guides in metrology)将不确定度分成了 3 类:标准不确定度、合成标准不确定度以及扩展不确定度

1. 标准不确定度(u)

不确定度评定中一定会用到标准差的概念,因此引入了标准不确定度(standard uncertainty)的概念,它等于估计方差的正平方根。为了方便区分,国际上根据不同的评估方法将其分成 A 类不确定度和 B 类不确定度:

A 类:通过对一系列观测数据进行统计分析的方法得到的不确定度分量。

B 类:通过除统计分析(A 类)以外的方法得到的不确定度分量,经验累积和专业判断是 B 类不确定度分析的一部分。

2. 合成标准不确定度(u_c)

测量结果的合成标准不确定度(combined standard uncertainty)是由一系列变量的不确定度结合而成,它的计算结果与变量之间的相关性有较大的关系。

3. 扩展不确定度(U)

尽管合成不确定度可以广泛用于测量结果的评定,但在一些行业法规的应用中,常常有必要提供不确定度度量,即给出一个包含大部分数据的区间。数学公式上,扩展不确定度(expanded uncertainty)等于合成不确定度与一个包含因子 k 的

乘积。

7.3.2 标准不确定度评估

1. A 类不确定度评估

对于随机变化且在相同可重复条件下获得观测物理量 X 的 n 个样本，则它的最佳估计值可以表示为算术平均数，即

$$\bar{x} = (1/n)\sum_{k=1}^{n} x_k \tag{7.21}$$

观测值的样本方差为

$$s^2 = [1/(n-1)]\sum_{k=1}^{n}(x_k - \bar{x})^2 \tag{7.22}$$

试验标准差 s 表达了观测数据的离散程度。在一个稳定的时间序列中，均值的不确定度取决于信号间的相关关系，如果它们之间没有相关性，则标准不确定度可以表示为

$$u(\bar{x}) = s/\sqrt{n} \tag{7.23}$$

式中，n 表示重复试验的次数，对于单航次试验，$n=1$。这里可以看出，A 类不确定度评定方法和误差中精度差的概念是有相似之处的。

2. B 类不确定度评估

当变量 X_i 的估计值 x_i 不由重复观测得到时，对应的 B 类的标准不确定度通常根据能够得到的所有关于变量 X_i 可能变化的信息来进行评定，其来源可能如下：

(1)以前的测量数据；

(2)对有关材料和仪器特性的经验或了解；

(3)生产厂家提供的技术说明书；

(4)在校准或其他报告里提供的数据；

(5)从手册中获取参考数据的不确定度，例如 ITTC 规程中水的密度和黏度的报告。

7.3.3 合成标准不确定度评估

合成不确定度是根据不确定度的传递法则来评定的，JCGM 用 $u_c(y)$ 来表示，

它的一般表达形式为

$$u_c^2(y) = \sum_{i=1}^{N} (\partial f/\partial x_i)^2 u^2(x_i) + 2\sum_{i=1}^{N-1}\sum_{j=i+1}^{N} (\partial f/\partial x_i)(\partial f/\partial x_j) u(x_i, x_j) \quad (7.24)$$

式中,N 表示观测变量的总数。式(7.24)表示的是当输出量相关时测量方程一阶泰勒展开式的近似值,可以用 c_i 和 c_j 表示灵敏度系数,即

$$c_i = \partial f/\partial x_i, c_j = \partial f/\partial x_j \quad (7.25)$$

如果输出量之间存在着相关关系,则其程度可以用相关系数 $r(x_i, x_j)$ 来表示,即

$$r(x_i, x_j) = u(x_i, x_j)/[u(x_i)u(x_j)] \quad (7.26)$$

相关系数的值是对称的,即 $r(x_i, x_j) = r(x_j, x_i)$,且满足 $-1 \leqslant r(x_i, x_j) \leqslant +1$,于是 $u_c(y)$ 又可以写成

$$u_c^2(y) = \sum_{i=1}^{N} c_i^2 u^2(x_i) + 2\sum_{i=1}^{N-1}\sum_{j=i+1}^{N} c_i c_j u(x_i) u(x_j) r(x_i, x_j) \quad (7.27)$$

大多数情况下,可以按变量之间不相关来考虑,此时 $r(x_i, x_j) = 0$,方程可简化为

$$u_c^2(y) = \sum_{i=1}^{N} c_i^2 u^2(x_i) \quad (7.28)$$

7.3.4 扩展标准不确定度评估

扩展不确定度的计算公式为

$$U = k u_c(y) \quad (7.29)$$

包含因子 k 通常是根据数据在 $y - U$ 到 $y + U$ 区间所要求的包含概率而选择的。在流体力学的试验测量中,95% 的置信区间是合理的。对于正态分布函数,k 取 2 对应约为 95.45% 的包含概率。一般来说,k 的取值为 2 ~ 3,但在某些应用领域可能超过或低于这个值,这可能需要分析人员对测量结果的使用具有丰富的经验。

7.3.5 相对不确定度评估

在参考 ITTC 规程对水动力试验进行不确定评估的过程中,会引入相对不确定度的概念。如果将输出量的方程表示为

$$Y = cX_1^{p1} X_2^{p2} \cdots X_N^{pN} \tag{7.30}$$

那么相对的合成不确定度可以表示为

$$[u_c(y)/y]^2 = \sum_{i=1}^{N} [p_i u(x_i)/x_i]^2 \tag{7.31}$$

式中 $y \neq 0$ 且 $x_i \neq 0$，例如在船模阻力试验中，总阻力计算公式为

$$C_T = 2R_T/(\rho S V^2) \tag{7.32}$$

则总阻力系数 C_T 的相对不确定度为

$$[u(C_T)/C_T]^2 = (2u_V/V)^2 + (u_{RT}/R_T)^2 + [(\partial\rho/\partial t)(u_t/\rho)]^2 + (u_S/S)^2 \tag{7.33}$$

7.3.6 方法小结

本节介绍了基于 GUM 的不确定度评估方法，并对一些概念进行了介绍。从公式的计算中，可以看出新的不确定度分析方法与之前的误差研究方法有很多相似的地方。其中需要注意的是：A 类和 B 类的分类目的只是指出评定不确定度分量的两种不同方法，是为了方便讨论，但它们在用词上并不能代替误差中的“随机”和“系统”的概念。事实上有些系统的问题可以用 A 类方法计算；而有些随机影响也能用 B 类方法来表达；也会存在一些不确定度的分量既不是系统的，也不是随机的，它的特性由该量在描述测量的数学模型中呈现的意义来定。所以该方法的一个重要优点就是避免了分量本身的分类问题。

7.4 蒙特卡洛法(MCM)

7.4.1 蒙特卡洛法基础介绍

前面介绍了两种方法，分别源于美国航天航空学会的 AIAA 方法，和近些年在测量领域运用十分广泛的 GUM 方法，两者之间的很多概念都有相同之处。从本质上讲，这两种方法都是采用的经典泰勒级数公式的低阶展开法，忽略了复杂的高阶

项影响,这就导致它们在许多问题的分析上变得不那么精确。另一方面,两种评定法的基础是假定输出量的分布函数服从正态分布。然而在很多工程问题中,人们发现这种假设也是不准确的,许多案例的分布函数甚至都是不对称的。基于这些问题,计量学联合委员会(JCGM)提出了蒙特卡洛法(MCM),作为对 GUM 方法的补充文件。它利用计算机从假定的分布中抽取大量误差样本,并模拟多次运行测试,获得不确定度的评定结果。

蒙特卡洛法提供一种通用方法来获得输出量 Y 的分布函数的近似解,这种方法的关键在于对输入量 X_i 的概率密度函数重复抽样,并通过模型得到每个极端结果。它的分布传递方法如图 7.6 所示,可以看作是一个逐步实现的过程。

(1)设定计算机模拟次数;

(2)确定输入量的概率密度函数 PDF(X_i);

(3)根据分布随机生成 M(通常取 106)组样本向量;

(4)将各组向量分别带入输出量 Y 的模型方程中,得到 M 个值;

(5)将这 M 个模型值按非递减顺序排序,组成一个新的序列 G;

(6)由序列 G 计算 Y 的不确定度参数,包括最佳估计值、标准不确定度等;

(7)按照报告的要求,对应给定的包含概率(本试验为 95%),得出最短包含区间。

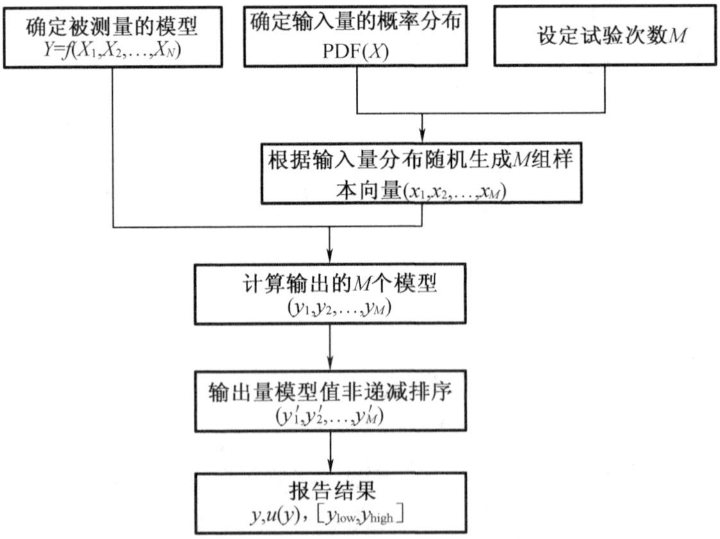

图 7.6 蒙特卡洛法评定试验不确定度的流程

与前两节介绍的方法不同,如果输出量的数据简缩方程具有很强的非线性或者一些输入量的不确定度较大,那么通过蒙特卡洛法得到的结果分布很有可能是不对称的,如图 7.7 所示。

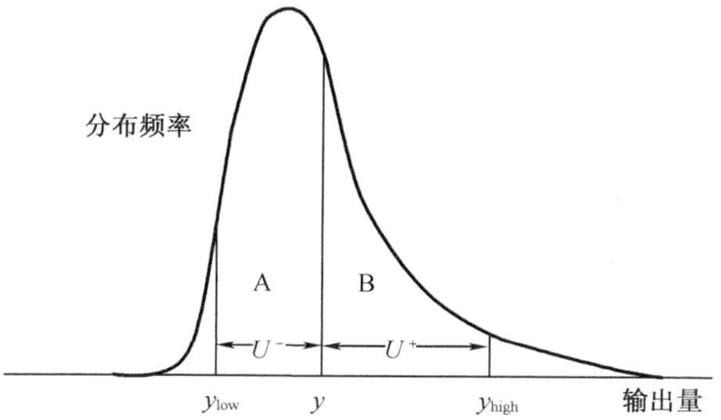

图 7.7　蒙特卡洛法得到的不对称分布

图 7.7 中的 y 表示最佳估计值,它表示所有模拟值的平均结果。图中标注了:“包含对称概率”的区间,这个区间包含了 100% 的值,而在很多工程试验评估中,取 95% 的包含概率是合理的。区间的两个端点分别对应了 2.5% 和 97.5% 的分布概率,图中的 A、B 区域面积相等,表示包含相同数量的模拟值。

7.4.2　自适应的蒙特卡洛法

在蒙特卡洛法模拟过程中,一个最基本的参数是模型要执行试验或评估的次数 M。如果 M 是预先选定的,则它不会对程序的输出结果进行直接的控制。模拟执行的次数越多,结果的可靠性就越高,获得的最佳估计值就越精确。考虑到计算的效率,通常人们认为这个值取 106 是合适的。然而,在不同的计算案例中,被测量的模型复杂程度很不一样,想要获得最后不确定度报告的精确度也不同,再加上计算过程的随机性,人们很多时候难以控制获得结果的有效程度。因此,对于一些精确度要求较高的情况,蒙特卡洛法有必要以一种自适应的方式进行。通过设置控制程序,逐步增加迭代次数,直到结果稳定。为了判断数据的可靠性,需要引入数值容差的概念作为结果的稳定性准则。

数值容差的本质是表示最短区间的半宽值,这个区间包含所有能够被正确表示到指定有效小数位数的数字。例如数值 3.7 的数值容差为 0.05，因为该数值能够表示大于 3.65 且小于 3.75 间的所有数(3.75 - 3.65)/2 = 0.05。如果将一个数表示为

$$z = c \times 10^l \tag{7.34}$$

式中，z、c 均为十进制的整数，则这个数的容差为

$$\delta = \frac{1}{2} \times 10^l \tag{7.35}$$

自适应的蒙特卡洛方法的实施如下。

(1)选取输出量的有效数字位数，即设定数值容差。

(2)设定试验次数，即

$$M = \max(J, 10^4) \tag{7.36}$$

式中，M 为大于等于 $100(1-p)$ 的最小整数，大多数情况下 M 取 10 000。

(3)变量 h 表示模拟的次数，设定 $h = 1$，即第一次执行蒙特卡洛模拟。在每个 h 的计算序列中，都进行了 M 次模拟，得到了输出值 y_r $(r = 1, 2, \cdots, M)$ 和以下参数：

输出量 Y 的算术平均值，即

$$\bar{y}^{(h)} = \frac{1}{M}\sum_{r=1}^{1} y_r \tag{7.37}$$

用标准差作为 Y 的标准不确定度，即

$$u(y^{(h)}) = \sqrt{\frac{1}{M-1}\sum_{r=1}^{M}(y_r - \bar{y}^{(h)})} \tag{7.38}$$

根据约定的包含概率，确定包含区间的左右端点，即

$$\begin{gathered} y_{\text{low}}^{(h)} = \{y_1^{(h)}, y_1^{(h)}, \cdots, y_M^{(h)}\}_{1-p} \\ y_{\text{high}}^{(h)} = \{y_1^{(h)}, y_1^{(h)}, \cdots, y_M^{(h)}\}_p \end{gathered} \tag{7.39}$$

(4)令 $h = h + 1$，返回之前的步骤重新计算所有参数。

(5)在每组模拟结束后，都要将之前 h 组的 M 次模拟进行整合计算，得到总的参数：

所有输出量模型值的平均值和对应的标准差为

$$\hat{y} = \frac{1}{h}\sum_{i=1}^{h}\bar{y}^{(i)}$$

$$s_{\hat{y}} = \sqrt{\frac{1}{h(h-1)}\sum_{i=1}^{h}(\bar{y}^{(i)} - \bar{y})^2} \tag{7.40}$$

所有标准不确定度的标准差为

$$\hat{u}(y) = \frac{1}{h}\sum_{i=1}^{h}u(y^{(i)})$$

$$s_{\hat{u}(y)} = \sqrt{\frac{1}{h(h-1)}\sum_{i=1}^{h}[u(y^{(i)}) - \hat{u}(y)]^2} \tag{7.41}$$

包含区间左端点的标准差

$$\hat{y}_{\text{low}} = \frac{1}{h}\sum_{i=1}^{h}y_{\text{low}}^{(i)}$$

$$s_{\hat{y}_{\text{low}}} = \sqrt{\frac{1}{h(h-1)}\sum_{i=1}^{h}(y_{\text{low}}^{(i)} - \hat{y}_{\text{low}})^2} \tag{7.42}$$

包含区间右端点的标准差为

$$\hat{y}_{\text{high}} = \frac{1}{h}\sum_{i=1}^{h}y_{\text{high}}^{(i)}$$

$$s_{\hat{y}_{\text{high}}} = \sqrt{\frac{1}{h(h-1)}\sum_{i=1}^{h}(y_{\text{high}}^{(i)} - \hat{y}_{\text{high}})^2} \tag{7.43}$$

(6)计算 $u(y)$的数值容差 δ。

(7)经过 h 次试验,确保下列条件全部成立:

$$2s_{\hat{y}} \leqslant \delta, 2s_{\hat{u}(y)} \leqslant \delta, 2s_{\hat{y}_{\text{low}}} \leqslant \delta, 2s_{\hat{y}_{\text{high}}} \leqslant \delta \tag{7.44}$$

根据所有 $M \times h$ 个模型值计算输出量估计值 y,标准不确定度 $u(y)$和 100% 对应的包含区间。

7.4.3 用蒙特卡洛法验证 GUM 不确定度

前面提到 GUM 方法在某些模型条件中可能并不适用,但是想要确定其是否满足使用条件的难度有时会很大。因此,鉴于蒙特卡洛法的适用范围更广,且在有相关计算软件的情况下效率更高,所以计量学指南联合委员会建议同时使用两种方法,并对结果进行比较。如果比较结果较好,则 GUM 不确定度框架适用于类似的模型条件。否则,应考虑使用蒙特卡洛法或其他合适的评定方法来代替。

比较方法的实施原理很容易理解:分别应用 GUM 不确定度框架和自适应的蒙

特卡洛程序获得标准不确定度 $u(y)$ 和给定包含概率为 100% 条件下的包含区间，比较两个区间各自端点的绝对偏差与数值容差间的关系。

7.4.4 方法小结

本节介绍了蒙特卡洛方法在不确定度评估上的应用，它能够弥补 GUM 方法在某些条件下的局限性，通过使用计算软件来执行概率分布的传递。需要注意的是，针对不同的计算模型，需要合理地选取计算机的模拟次数，以达到最好的工作效率。

7.5 本章小结

本章介绍了试验不确定度的分析方法，并结合了船模试验进行了讨论。其中 AIAA 和 GUM 方法的本质都是基于泰勒展开的简化公式来定义物理简缩方程中的不确定度分量。相对来说，GUM 方法的评定依据更加严谨和规范，这也是 ITTC 选用它来代替旧规程的原因。但这并不意味着旧的评定方法是没有用的，事实上，了解其中的专业术语及评定方法对于理解一个试验的不确定度来说是很有帮助的。本章的最后提出了基于蒙特卡洛法的不确定度评定方法。作为在当前计量领域应用颇为广泛的不确定度分析法，将蒙特卡洛法运用在船模试验不确定度上的研究却并不多，这可能是由于传统的水池试验中的干扰因素和计算方程并不复杂。而对于实海域的复杂环境，蒙特卡洛法具有比传统理论方法更强的计算可行性和可靠性。

第8章　实海域船舶阻力试验不确定度分析

为了全面分析大尺度船模阻力试验中各部分的不确定度分量,本章分别采用ITTC 2002(AIAA)和2014(GUM)规程中的方法进行评估,对比两者的计算结果的差异;再使用基于蒙特卡洛法的程序对GUM方法的评定结果进行验证,从而分析泰勒级数法对本试验的可行性。

8.1　影响阻力试验的因素

通过分析本次大尺度船模试验,并借鉴水池的试验流程,阻力试验的不确定度来源主要可以分为以下5个部分,如图8.1所示。

(1)模型的几何形状的不确定度一部分来自船模加工制造过程中产生的误差,包括船模的长、宽、吃水和船体型线等参数。但在新的规程中,不再考虑这部分的影响,而是用船模排水量的不确定度来反映几何模型的误差,包括船模的垂线间长和湿表面积两部分。

(2)试验设备安装的不确定度来源包括船模浮态的调整情况、测力计方向、拖曳方向和模型航向等方面,主要是判断各自的对准情况。由于拖车的稳定性,这方面的影响通常在水池试验中是可以忽略的。然而对于实海域的试验,很难提供如此稳定的拖曳环境,因此这方面的影响可能是很大的。

(3)船模上的各种仪器包括拖曳用的绞车在试验之前都会进行校准,关于传感器的校准在本书中没有过多的讨论,而是使用厂家给出的精度值来确定测量的不确定度。事实上随着电子仪器精度的提高,校准的不确定度对于本次试验的阻力量级来说是可以忽略的。关于校准不确定度的计算方法,一般是通过对校准数据进行拟合,通过计算这些数据的标准差得到。

(4)阻力试验中需要测试的数据包括速度、水温、阻力值、纵倾及升沉等,测量的不确定度体现在对数据点的采样过程中。本次试验的取数方法与水池试验相同,由于实际的有效试验时间并不长,所以取每一次试验数据的平均值作为参数的测量值。另一方面,与水池试验不同的是,本次试验中没有对同一工况进行多次试验,因此主要研究单航次试验中的系统误差影响。

(5)最后一部分关于物理量简缩方程的不确定度是将之前所有因素对试验的影响都在输出量中体现出来,本试验的主要目的是求得大尺度船模的总阻力系数。

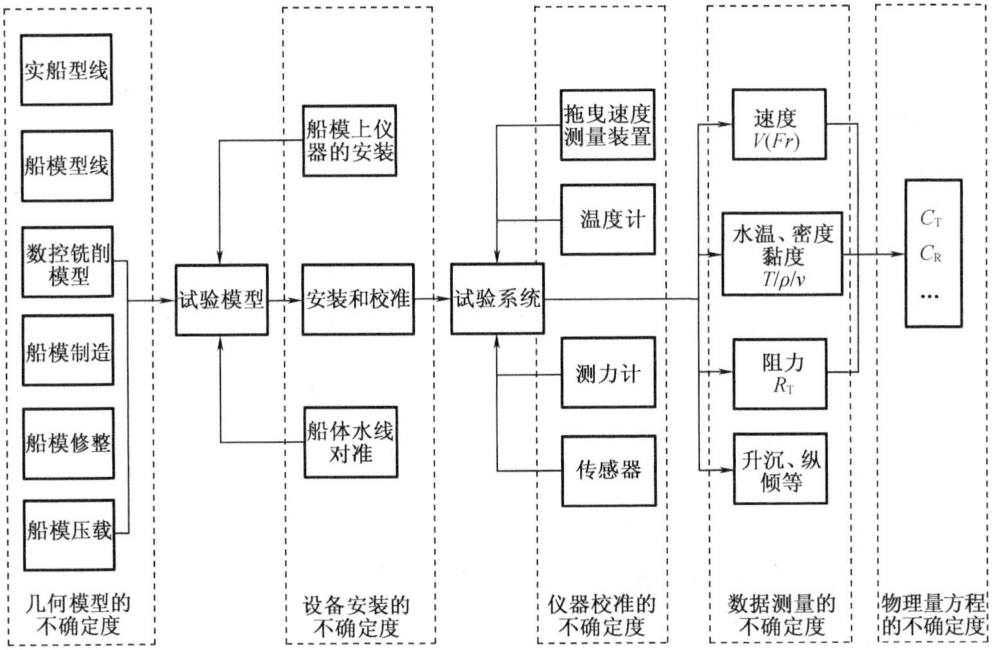

图 8.1　阻力试验的不确定度来源 ITTC(2014)

8.2　基于AIAA的实海域阻力试验不确定度分析(ITTC 2002)

对于本次阻力试验,主要讨论系统误差对试验的影响,对应试验中各部分的偏差限B。

8.2.1　模型几何参数的不确定度

船模在玻璃钢船厂生产,该厂的型线加工精度为±1 cm,因此船长和船宽的偏差限为 $B_L = B_B = 0.01$ m,模型吃水的不确定度根据目测的偏差假定为 $B_d = 0.02$ m,对于实海域试验而言,关于质量的误差源主要分为模型、压载、设备和测试人员这几部分,对于本次试验,假定偏差为1 t,则质量的偏差限为 $B_G = 10^4$ N。

对于船模湿表面积的估计方法不统一,本书选用了参考文献[60]中的方法,综合了模型制造和船体质量两方面的影响,将湿表面积表示为

$$S = C_{\mathrm{S}} \sqrt{\lambda C_{\mathrm{B}} L^2 Bd + (1-\lambda)(G/\rho g)L} \tag{8.1}$$

则湿表面积偏差限可以表示为

$$B_S = \sqrt{(c_L B_L)^2 + (c_B B_B)^2 + (c_d B_d)^2 + (c_G B_G)^2}$$

$$c_L = \frac{\partial S}{\partial L} = \frac{1}{2} C_{\mathrm{S}} [\lambda C_{\mathrm{B}} L^2 Bd + (1-\lambda)(G/\rho g)L]^{-\frac{1}{2}} [2\lambda C_{\mathrm{B}} LBd + (1-\lambda)G/\rho g]$$

$$c_B = \frac{\partial S}{\partial B} = \frac{1}{2} C_{\mathrm{S}} [\lambda C_{\mathrm{B}} L^2 Bd + (1-\lambda)(G/\rho g)L]^{-\frac{1}{2}} (\lambda C_{\mathrm{B}} L^2 d)$$

$$c_d = \frac{\partial S}{\partial d} = \frac{1}{2} C_{\mathrm{S}} [\lambda C_{\mathrm{B}} L^2 Bd + (1-\lambda)(G/\rho g)L]^{-\frac{1}{2}} (\lambda C_{\mathrm{B}} L^2 B)$$

$$c_G = \frac{\partial S}{\partial G} = \frac{1}{2} C_{\mathrm{S}} [\lambda C_{\mathrm{B}} L^2 Bd + (1-\lambda)(G/\rho g)L]^{-\frac{1}{2}} (1-\lambda)L/\rho g \tag{8.2}$$

式中,$L = L_{\mathrm{pp}} = 24.20$ m(本书后续 L 均表示垂线间长),$B = 4.04$ m,$d = 1.39$ m,$G/(\rho g) = \nabla = 115.20$ m^3,$S = 144.75$ m^2,$C_{\mathrm{B}} = \nabla/(LBd) = 0.85$,$C_{\mathrm{S}} = S/\sqrt{(\nabla L)} = 2.74$,$\lambda$ 取0.5,ρ 和 g 分别取1 025.89 kg/m^3、9.80 m/s^2。通过计算可得表8.1。

表 8.1　船模湿表面积的偏差限

c_L	c_B	c_d	c_G	B_S/m^2
4.49	8.97	26.07	3.12×10^{-5}	0.62

8.2.2　拖曳速度的不确定度

速度的测量采用的是 BGX 系列差分 GPS 系统，能够直接反馈船模运动的速度，厂家给出的速度精度为 0.03 m/s，因此测速装置的偏差限为 $B_V=0.03$ m/s。

另一方面，绞车的拖曳速度受多方面的影响，包括电机的稳定性、出绳口的变动以及试验环境的变化等多方面的因素。并且缆绳一般在卷筒会缠绕数层，当卷筒角速度恒定时，外层的缆绳由于所在圆周的直径较大，则线速度也越大。这部分影响主要会体现在多次取样或重复性试验结果的离散程度中，属于精度极限的范围，因而在本书的研究中不予讨论。

8.2.3　阻力测量的不确定度

船模首、尾的测力装置均为两个相同的 S9M 力传感器，可以用于拉压向力的测量，经由信号调节器连接计算机。该测力传感器的测量精度为 0.02%，最大量程为 10 kN。

试验之前，都应该对各传感器进行标定，根据标定的结果，可以将整个测力装置的偏差分为几部分：

(1)砝码标定偏差。

本次力传感器是由标准砝码标定的。砝码既是测力元件校核的标准，也是误差的基本来源。单个砝码的允差是 ±0.005%，校准从 0 kg 到 100 kg，增量为 10 kg，砝码引起的标定误差为 B_{R1}，即

$$B_{R1}=\text{砝码精度}\times\text{阻力值} \tag{8.3}$$

(2)输出电压标定曲线拟合的误差。

在传感器的标定过程中可以得到电压与力的对应关系，对测量结果进行线性拟合，则电压对应的标定偏差为

$$B_{R2}=2SEE \tag{8.4}$$

式中，SEE 为估计的标准误差。

(3)力传感器方向误差。

在本次阻力试验中并未设计特定的方案来测量力传感器与航向的夹角,考虑到传感器与船体之间的连接方式,假定存在 10°的偏向角误差,它对应的误差可以表示为

$$B_{R3}=R-(\cos 10°)R=580.8\times(1-\cos 10°)=8.82\ \text{N} \tag{8.5}$$

(4)AD(模拟数字)转换器的误差。

该 AD 转换器具有 16 位的转换精度,则对应的偏差为

$$B_{R4}=\frac{1\times\Delta V}{2^{16}} \tag{8.6}$$

式中,ΔV 为模数转换器电压的范围。

(5)由于本次试验时未记录下各传感器的标定结果,因此上述中的 B_{R1}、B_{R2}、B_{R4}3 项用厂家给出的仪器测量精度结果来代替,即

$$B_{R5}=0.02\%\times10\times10^3=2\ \text{N} \tag{8.7}$$

所以阻力测量的总偏差(艏艉两个力传感器),见式(8.8):

$$B_R=2\sqrt{B_{R1}^2+B_{R2}^2+B_{R3}^2+B_{R4}^2}=2\sqrt{B_{R1}^2+B_{R5}^2}=18.09\ \text{N} \tag{8.8}$$

8.2.4 水温引起的不确定度

(1)水温。

海水温度由温度计测得为 15.6 ℃,测量精度为 ±0.2 ℃,因此温度的偏差为 $B_T=0.2$ ℃。

(2)密度。

海水温度与密度的关系可通过由 ITTC 相关表中 10 ~ 20 ℃的数据插值得到,即

$$\rho=1\,028.18-0.061\,3t-0.005\,9t^2+0.000\,03t^3 \tag{8.9}$$

由温度引起的偏差为

$$B_{\rho1}=\left|\frac{\partial\rho}{\partial t}\right|B_T=\left|-0.061\,3-0.011\,8t+0.000\,09t^2\right|B_T=0.044\,70\ \text{kg/m}^3 \tag{8.10}$$

表中将温度转换为密度的偏差为

$$B_{\rho2}=2SEE=0.003\,2\ \text{kg/m}^3 \tag{8.11}$$

与标准温度 15 ℃之间的偏差为

$$B_{\rho3}=\left|\rho_{15\,℃}-\rho_{15.6\,℃}\right|=\left|1\,026.021\,0-1\,025.887\,5\right|=0.133\,5\ \text{kg/m}^3 \tag{8.12}$$

则密度的总偏差限为

$$B_\rho = \sqrt{B_{\rho1}^2 + B_{\rho2}^2 + B_{\rho3}^2} = 0.141\ \mathrm{kg/m^3} \tag{8.13}$$

(3)黏性系数。

海水温度与黏性系数的关系可通过对表中数据插值得到,即

$$\nu = (1.79952 - 0.050543t + 0.000657t^2) \times 10^{-6} \tag{8.14}$$

由温度引起的偏差为

$$B_{\nu1} = \left|\frac{\partial \nu}{\partial t}\right| B_T = |-0.050543 - 0.001314t| B_T \times 10^{-6} = 0.0142 \times 10^{-6}\ \mathrm{m^2/s} \tag{8.15}$$

与标准温度 15 ℃之间的偏差为

$$B_{\nu2} = |\nu_{15\ ℃} - \nu_{15.6\ ℃}| = |1.1892 - 1.1710| \times 10^{-6} = 0.0182 \times 10^{-6}\ \mathrm{m^2/s} \tag{8.16}$$

则黏性系数的总偏差限为

$$B_\nu = \sqrt{B_{\nu1}^2 + B_{\nu2}^2} = 0.023 \times 10^{-6}\ \mathrm{m^2/s} \tag{8.17}$$

8.2.5 摩擦阻力系数的偏差限

船模的摩擦阻力也是阻力性能预报的一个重要参数,因此在这里做一个简单的讨论。摩擦阻力系数的计算使用的是 ITTC 1957 公式,即

$$C_\mathrm{F} = \frac{0.075}{(\lg R_\mathrm{n} - 2)^2} = \frac{0.075}{\left(\lg \frac{LV}{\nu} - 2\right)^2} \tag{8.18}$$

摩擦阻力系数的偏差限的计算如下

$$\begin{aligned}
B_{C_\mathrm{F}} &= \sqrt{(c_V B_V)^2 + (c_L B_L)^2 + (c_\nu B_\nu)^2} \\
c_V &= \frac{C_\mathrm{F}}{\partial V} = 0.075\left[-\frac{2}{\left(\lg \frac{VL}{\nu} - 2\right)^3}\right]\left(\frac{1}{V\ln 10}\right) \\
c_L &= \frac{C_\mathrm{F}}{\partial L} = 0.075\left[-\frac{2}{\left(\lg \frac{VL}{\nu} - 2\right]^3}\right)\left(\frac{1}{L\ln 10}\right) \\
c_\nu &= \frac{C_\mathrm{F}}{\partial \nu} = 0.075\left[-\frac{2}{\left(\lg \frac{VL}{\nu} - 2\right)^3}\right]\left(-\frac{1}{\nu\ln 10}\right)
\end{aligned} \tag{8.19}$$

经过计算可得表8.2。

表8.2 摩擦阻力系数的偏差限

c_V	c_L	c_ν	B_{C_F}
-2.559×10^{-4}	-1.618×10^{-5}	334.382	1.7402×10^{-5}

8.2.6 总阻力系数的偏差限

船模总阻力系数的公式为

$$C_T=\frac{R}{0.5\rho V^2 S} \tag{8.20}$$

总阻力系数的偏差限计算如下

$$B_{C_T}=\sqrt{(c_S B_S)^2+(c_V B_V)^2+(c_R B_R)^2+(c_\rho B_\rho)^2}$$

$$c_S=\frac{\partial C_T}{\partial S}=\frac{R}{0.5\rho V^2}\left(-\frac{1}{S^2}\right)$$

$$c_V=\frac{\partial C_T}{\partial V}=\frac{R}{0.5\rho S}\left(-\frac{2}{V^3}\right)$$

$$c_R=\frac{\partial C_T}{\partial R}=\frac{1}{0.5\rho V^2 S}$$

$$c_\rho=\frac{\partial C_T}{\partial \rho}=\frac{R}{0.5V^2 S}\left(-\frac{1}{\rho^2}\right) \tag{8.21}$$

经过计算可得表8.3。

表8.3 总阻力系数的偏差限

c_S	c_V	c_R	c_ρ	B_{C_T}
-2.309×10^{-5}	-4.368×10^{-3}	5.753×10^{-6}	-3.257×10^{-6}	1.6794×10^{-4}

将所有偏差限绘制成表8.4,得系统误差引起的总阻力系数的相对不确定度为 $U_{CT'}=5.03\%$,并将总阻力系数中各因素的偏差占比绘制成图8.2。

表 8.4 阻力试验不确定度评估表

不确定度组成	数值	偏差限的相对占比	
船长/m	24.2		
B_L	0.01	0.04	$\%L$
船宽/m	4.04		
B_B	0.01	0.25	$\%B$
吃水/m	1.39		
B_d	0.02	1.44	$\%d$
湿表面积/m^2	144.75		
$c_L^S B_L$	0.044 9	0.53	$\%B_S^2$
$c_B^S B_B$	0.089 7	2.12	$\%B_S^2$
$c_d^S B_d$	0.521 4	71.68	$\%B_S^2$
$c_G^S B_G$	0.312 0	25.67	$\%B_S^2$
B_S	0.62	0.43	$\%S$
航速/($m \cdot s^{-1}$)	1.53		
B_V	0.03	1.96	$\%V$
阻力/N	580.8		
B_{R3}	17.64	95.11	$\%B_R^2$
B_{R5}	4.00	4.89	$\%B_R^2$
B_R	18.09	3.11	$\%R$
水温/℃	15.0		
B_T	0.2	1.28	$\%T$
密度/($kg \cdot m^{-3}$)	1 026.02		
$B_{\rho 1}$	0.044 70	10.05	$\%B_\rho^2$
$B_{\rho 2}$	0.003 2	0.06	$\%B_\rho^2$
$B_{\rho 3}$	0.133 5	89.64	$\%B_\rho^2$
B_ρ	0.141	0.01	$\%\rho$
黏性系数/($m^2 \cdot s^{-1}$)	1.189×10^{-6}		
$B_{\nu 1}$	$0.014\ 2 \times 10^{-6}$	38.12	$\%B_\nu^2$
$B_{\nu 2}$	$0.018\ 2 \times 10^{-6}$	61.88	$\%B_\nu^2$

表 8.4(续)

不确定度组成	数值	偏差限的相对占比	
B_ν	0.023×10^{-6}	1.93	$\%\nu$
摩擦阻力系数	2.49×10^{-3}		
$c_V^{CF}B_V$	-1.561×10^{-5}	80.46	$\%B_{C_F}^2$
$c_L^{CF}B_L$	-1.618×10^{-7}	0.01	$\%B_{C_F}^2$
$c_V^{CF}B_V$	7.921×10^{-6}	19.53	$\%B_{C_F}^2$
B_{CF}	$1.740\,2\times10^{-5}$	0.70	$\%C_F$
总阻力系数	3.341×10^{-3}		
$c_S^{CT}B_S$	-1.432×10^{-5}	0.73	$\%B_{C_T}^2$
$c_V^{CT}B_V$	-1.310×10^{-4}	60.85	$\%B_{C_T}^2$
$c_R^{CT}B_R$	1.041×10^{-4}	38.42	$\%B_{C_T}^2$
$c_\rho^{CT}B_\rho$	-4.592×10^{-7}	0.01	$\%B_{C_T}^2$
B_{C_T}	$1.679\,4\times10^{-4}$	5.03	$\%C_T$

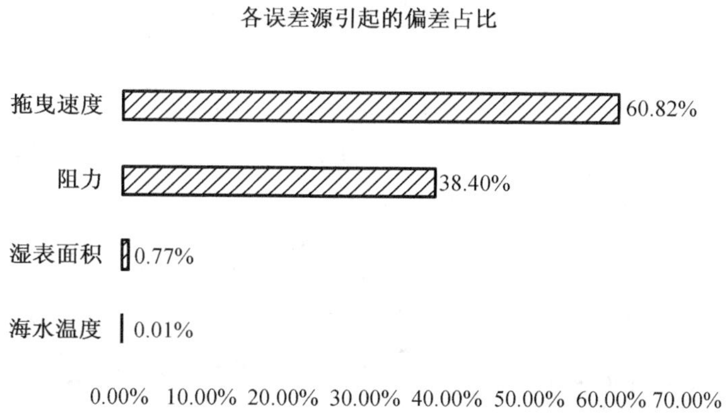

图 8.2 总阻力系数中各因素的偏差占比

从图 8.2 中可以看出,拖曳速度的测量不确定度是阻力试验中的最重要的误差来源,这部分的不确定度由 GPS 的测速精度决定。阻力为次要干扰因素,主要来自拖曳方向和航行方向间角度的不确定性。

8.3 基于 GUM 的实海域阻力试验不确定度分析(ITTC 2014)

参考 ITTC 2014 的指导意见,本方法主要考虑由 B 类不确定度评估方法得到的系统误差。

8.3.1 几何模型

几何模型的不确定度主要来自制造过程中的误差、模型加工时产生的变形和试验过程中的变形,参考阻力系数的表达形式,主要考虑船模长度和湿表面积的影响。其中前者的值较容易获得,而在实海域试验中,由于海水中波浪的影响加上模型本身的横移运动,很难得到准确的湿表面积。事实上,即使在水池试验中,这个参数的准确值也很难获得。因此,人们通常根据船模在静水条件的状态,通过水线值来换算得到这个值。

按照规程,由船模型线加工产生的误差主要取决于各个工厂的加工精度,因此可以不考虑在几何模型的不确定度计算范围内。另一方面,湿表面积和长度都与模型的实际排水体积有关,根据量纲的形式,可得

$$S \propto (\nabla)^{2/3}, L \propto (\nabla)^{1/3} \tag{8.22}$$

因此两者的相对不确定度可以写成

$$2u'(L) = u'(S) = \frac{u(S)}{S} \approx \frac{2}{3}u'(\nabla) = \frac{2}{3}\frac{\rho_{水}\, u(\nabla)}{\rho_{水}\nabla} = \frac{2}{3}u'(\Delta) \tag{8.23}$$

船模在特定的弗劳德数下的总阻力是关于湿表面积和雷诺数的方程,即

$$\begin{aligned} R_{\mathrm{T}} &= f(S, Re, Fr) \\ &= C_{\mathrm{T}} \cdot (0.5\rho V^2 S) \\ &= [(1+k) \cdot C_{\mathrm{F}}(Re) + C_{\mathrm{R}}(Fr)] \cdot (0.5\rho V^2 S) \end{aligned} \tag{8.24}$$

因此,湿表面积和船长对阻力的影响可以分别表示为

$$\frac{\delta R_{\mathrm{T}}(S)}{R_{\mathrm{T}}} \approx \frac{\partial R_{\mathrm{T}}}{\partial S} \cdot \delta S \cdot \frac{1}{R_{\mathrm{T}}} = \frac{\delta S}{S} \tag{8.25}$$

$$\frac{\delta R_{\mathrm{T}}(L)}{R_{\mathrm{T}}}\approx\frac{\partial R_{\mathrm{T}}}{\partial C_{\mathrm{F}}}\cdot\frac{\partial C_{\mathrm{F}}}{\partial Re}\cdot\frac{\partial Re}{\partial L}\cdot\frac{\delta L}{R_{\mathrm{T}}}$$

$$=\frac{C_{\mathrm{F}}}{C_{\mathrm{T}}}\cdot\frac{2/\ln 10}{\lg Re-2}\cdot\frac{\delta L}{L}$$

$$=\frac{C_{\mathrm{F}}}{C_{\mathrm{T}}}\cdot\frac{0.87}{\lg Re-2}\cdot\frac{\delta L}{L} \tag{8.26}$$

所以两者的不确定度可表示为

$$u'_{11}(R_{\mathrm{T}})=u'(S)\approx\frac{2}{3}u'(\Delta)$$

$$u'_{12}(R_{\mathrm{T}})=\frac{C_{\mathrm{F}}}{C_{\mathrm{T}}}\cdot\frac{0.87}{\lg Re-2}\cdot\frac{\delta L}{L}$$

$$\approx\frac{C_{\mathrm{F}}}{C_{\mathrm{T}}}\cdot\frac{0.29}{\lg Re-2}\cdot u'(\Delta) \tag{8.27}$$

由于雷诺数的量级为 10^7，第二项的值是可以忽略的。于是由几何模型产生的合成不确定度主要来源于湿表面积，即

$$u'_1(R_{\mathrm{T}})=\sqrt{[u'_{11}(R_{\mathrm{T}})]^2+[u'_{12}(R_{\mathrm{T}})]^2}\approx\frac{2}{3}u'(\Delta) \tag{8.28}$$

船模在调试浮态时需要考虑模型、压载、设备及作业人员总排水量的影响。对于本次试验来说，想要精确计算这个数据很困难，因此本研究中估计质量的偏差为1 000 kg，这个值相当于全船质量的1%，已经是一个较大的值(水池试验通常是0.1%)。由于是人为估计得到的结果，所以可以认为该参数的分布形式服从正态分布($k=2$)。已知船模质量约为 1.182×10^5 kg，则得

$$u(\Delta)=1\,000/2=500\ \mathrm{kg}$$

$$u'(\Delta)=500/(1.182\times10^5)=0.423\% \tag{8.29}$$

所以几何模型对应的阻力的相对标准不确定度为

$$u'_1(R_{\mathrm{T}})\approx\frac{2}{3}u'(\Delta)=0.282\% \tag{8.30}$$

8.3.2 试验安装

试验中安装的不确定度包括船模的纵倾、模型与测力计中线的对准、拖曳的方向、牵引力对传动轴承的对准等。通常来说，拖曳水池中进行的试验在这些方面都能控制得很好，因此带来的影响往往可以忽略。然而对本次实海域阻力试验来说，

由于拉力传感器的两端都是可以活动的，并且初始拖曳时船头的方向可能与卷扬机的拖曳方向存在一定的夹角，所以这部分的影响是很重要的，并且不容易得到准确的值。上一节中估计角度在10°的偏差范围内，是基于试验过程中岸基两头以及船上作业人员共同观测得出的结论，实际上，在试验过程中，包括船模在内的整个测试系统运行是比较平稳的，所以可以认为这个估计是合理的。

由于角度受到风、浪、流的干扰，可以看作是正态分布($k=2$)，则由试验安装产生的相对不确定度为

$$u_2(R_T)=17.64/2=8.82\ \text{N}$$

$$u_2'(R_T)=8.82/580.8=1.519\% \tag{8.31}$$

8.3.3 测量精度

阻力试验中仪器精度的不确定度主要来自拖曳速度、阻力以及水温的测量3个方面。

(1)速度对阻力的影响表现在两方面：动压($1/2\rho V^2$)和雷诺数(Re)，两者对阻力的影响可分别表示为

$$\frac{\delta R_T(V)}{R_T}\approx\frac{\partial R_T}{\partial(\rho V^2)}\cdot\frac{\partial(\rho V^2)}{\partial V}\cdot\frac{\delta V}{R_T}=2\frac{\delta V}{V} \tag{8.32}$$

$$\frac{\delta R_T(V)}{R_T}\approx\frac{\partial R_T}{\partial C_F}\cdot\frac{\partial C_F}{\partial Re}\cdot\frac{\partial Re}{\partial V}\cdot\frac{\delta V}{R_T}$$

$$\approx\frac{C_F}{C_T}\cdot\frac{0.87}{\lg Re-2}\cdot\frac{\delta V}{V} \tag{8.33}$$

所以两者的不确定度可以表示为

$$u_{41}'(R_T)=2u'(V)$$

$$u_{42}'(R_T)=\frac{C_F}{C_T}\cdot\frac{0.87}{\lg Re-2}\cdot u'(V) \tag{8.34}$$

第二项相对于第一项要小很多，所以由速度产生的合成不确定度主要来源于动压，即

$$u_4'=\sqrt{[u_{41}'(R_T)]^2+(u_{42}'[R_T)]^2}\approx 2u'(V) \tag{8.35}$$

本书考虑系统误差的影响，因此拖曳速度的不确定度来自GPS直接测得的速度，取决于它的测量精度，试验中是0.03 m/s。GPS的测速部分可以看作正态分布

且 k 取 3，因此速度的不确定度可以表示为

$$u(V)=0.03/3=0.01\ \mathrm{m/s}$$

$$u'(V)=0.01/1.53=0.654\% \tag{8.36}$$

由速度引起的相对标准不确定度为

$$u_4'(R_T)\approx 2u'(V)=1.307\% \tag{8.37}$$

（2）本试验中并未记录阻力天平的校准数据，因此不对仪器校准产生的不确定度做详细的计算。关于这方面的计算，与拖曳水池试验是相同的，具体可以参照 ITTC 和国际法制计量组织（OIML）中对阻力仪和校准砝码的规范。实际上，通过一些案例可以看出，随着仪器精度水平的提高，天平的校准不确定度影响越来越小，与本次试验的阻力量级对比是小量。此处阻力天平的不确定度用 HBM 官网给出的数据来计算，即

$$u_5(R_T)=4/3=1.33\ \mathrm{N}$$

$$u_5'(R_T)=1.33/580.8=0.229\% \tag{8.38}$$

（3）水温本身对试验的影响不大，由于温度变化而导致的密度变化和模型形变的影响可以忽略不计，从前一节的计算中也能得到这样的结论。水温的主要贡献是对黏性系数的影响，从而影响雷诺数和摩擦阻力，即

$$\frac{\delta R_T(\nu)}{R_T}\approx\frac{\partial R_T}{\partial C_F}\cdot\frac{\partial C_F}{\partial Re}\cdot\frac{\partial Re}{\partial \nu}\cdot\frac{\delta V}{R_T}=\frac{C_F}{C_T}\cdot\frac{0.87}{\lg Re-2}\cdot\frac{\delta\nu}{\nu} \tag{8.39}$$

由黏性系数引起的相对标准不确定度为

$$u_3'(R_T)=\frac{C_F}{C_T}\cdot\frac{0.87}{\lg Re-2}\cdot u'(\nu) \tag{8.40}$$

黏性系数的偏差采用上一节的计算结果，该不确定度主要来自温度计读数的偏差，可以认为服从均匀分布，即

$$u'(\nu)=1.93\%/\sqrt{3}=1.11\% \tag{8.41}$$

则由水温引起的相对标准不确定度可以表示为

$$u_3'(R_T)=\frac{C_F}{C_T}\cdot\frac{0.87}{\lg Re-2}\cdot u'(\nu)=0.06\% \tag{8.42}$$

8.3.4 不确定度评定结果

将所有影响阻力不确定度的因素归纳到表 8.5 中，其中，合成不确定的计算

如下

$$u'_c(R_T)=\sqrt{(u'_1)^2+(u'_2)^2+(u'_3)^2+(u'_4)^2+(u'_5)^2} \tag{8.43}$$

表 8.5　阻力试验不确定度评估结果

$R_T=580.8$ N $Fr=0.994$ $T=15.6$ ℃	类型	相对不确定度占比 /%	备注
湿表面积	B	0.282	可忽略
航速	B	1.307	次要
水温	B	0.060	可忽略
阻力测量装置	B	1.536	主要
(相对)合成不确定度		2.037	单航次
(相对)扩展不确定度		4.075	$k=2$

根据表 8.5,此工况下阻力的不确定度评定结果为

$$\begin{aligned}R_T&=580.8\pm23.67(k=2)\\&=580.8\times(1\pm4.075\%)\end{aligned} \tag{8.44}$$

由无量纲方程可以得到总阻力系数的不确定度评定结果为

$$\begin{aligned}C_T&=3.341\times10^{-3}\times(1\pm4.075\%)\quad(k=2)\\&=3.341\times10^{-3}\pm0.136\times10^{-3}\end{aligned} \tag{8.45}$$

试验中各误差源的不确定度占比如图 8.3 所示。与 AIAA 2002 方法相比，GUM 2014 方法所得的总不确定度有所减小,这与包含因子的取值有关。其中航速和阻力测量装置的不确定度是最重要的两个影响因素,但两种方法中各自的占比不同。水温和湿表面积的不确定度都很小,两种方法得出的结果有差异,主要是由不同的估计方法造成的。可以看出,因为评定的角度不同,导致 ITTC 新旧方法的不确定度结果有一定差异,下一步将采用蒙特卡洛法对 GUM 方法进行验证。

根据不确定度的评定结果可知,要想提高试验精度主要可以从速度测量和阻力测量装置两个角度入手。拖曳速度的误差源于 GPS 的测量端,可以通过提高仪器的测量精度来改善;另一方面,在之后的研究中也可以从绞车拖曳端去分析速度的不确定度,可以在缆绳通过的滑轮处安装一个测速装置。阻力测量装置部分的

主要问题是拖曳方向与航向的偏离，在这方面可以通过设计一个夹角的测量装置来测量这个角度。从整体上来说，提高试验船模的拖曳速度对于这两方面的相对不确定度的减小都有帮助。因此，在不考虑费用以及试验场地尺寸的基础上，船模航速越高，则阻力试验的测量准确性越高。

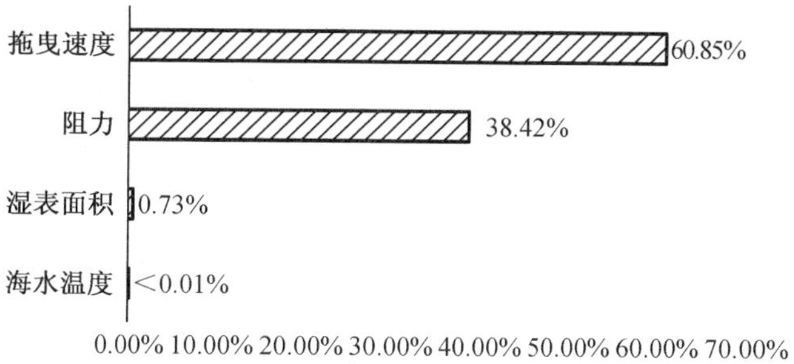

图8.3　总阻力系数中各误差源的不确定度占比

8.4　实海域阻力试验不确定度评定方法的验证

前两节使用两种方法对实海域的阻力试验进行了不确定度评估，得到由系统引起的不确定度为4% ~5%。两种方法都采用了泰勒级数的近似方法，为简化计算，忽略了展开式中高阶项的影响，并且假定最终的输出量的分布函数符合正态分布。然而，观察到最终总阻力系数的表达式是非线性方程，因此输出量的分布函数的规律是需要检验的。本节的数值模拟采用GUM方法得到的输入量分布规律进行计算。

8.4.1　概率分布函数的讨论

选取GUM方法得到的几个误差源：阻力、湿表面积、航速和海水密度（水温），参考它们的分布规律及不确定度，设定输入量的概率密度函数。为了更清楚地表达获得图像的特征，对各因素的标准不确定度进行了缩放，输入量参数见表 8.6。

表 8.6 蒙特卡洛法的输入量概率分布

输入量 X_i	分布类型	输入量标准不确定度 $u(X_i)$ 的缩放倍数 λ		
		1	5	10
R_T/N	正态分布 N(μ,σ)	N(580.8,8.92)	N(580.8,44.6)	N(580.8,8.92)
V/(m · s^{-1})	正态分布 N(μ,σ)	N(1.53,0.01)	N(1.53,0.05)	N(1.53,0.10)
S/m^2	正态分布 N(μ,σ)	N(144.75,0.41)	N(144.75,2.05)	N(144.75,4.10)
ρ/(kg · m^{-3})	均匀分布 R(a,b)	R(1 025.94, 1 026.10)	R(1 025.61, 1 026.43)	R(1 025.21, 1 026.83)

基于蒙特卡洛法在 MATLAB 软件中编辑程序，分别对 3 种缩放倍数下的不确定度进行模拟。根据规范建议，设定模拟次数 $M=10^6$ 得到的输出量的分布用频数直方图的形式表达，如图 8.4 所示。

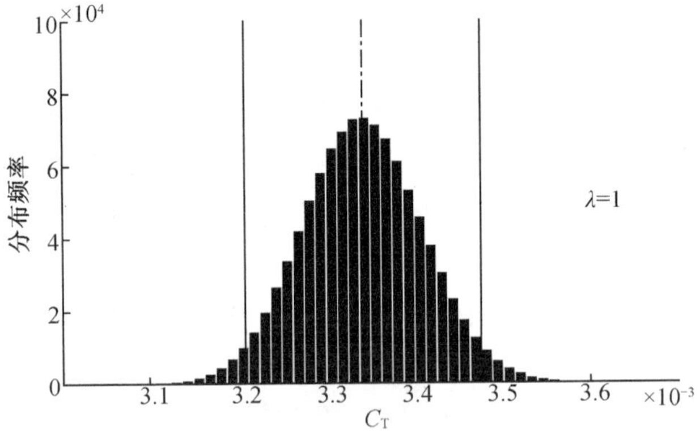

(a)λ=1

图 8.4 将误差放大 λ 倍后输出量的分布频率

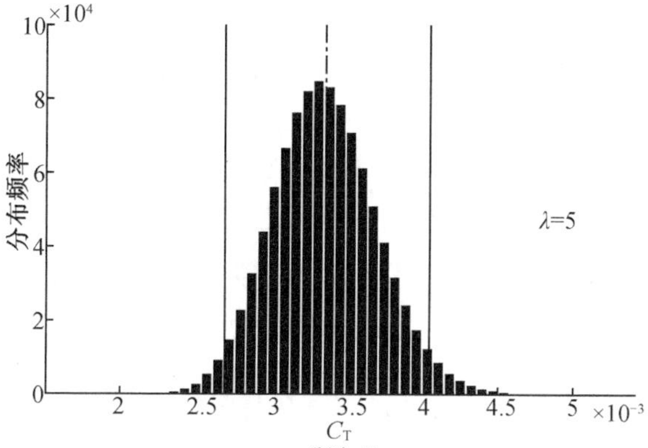

(b)λ=5

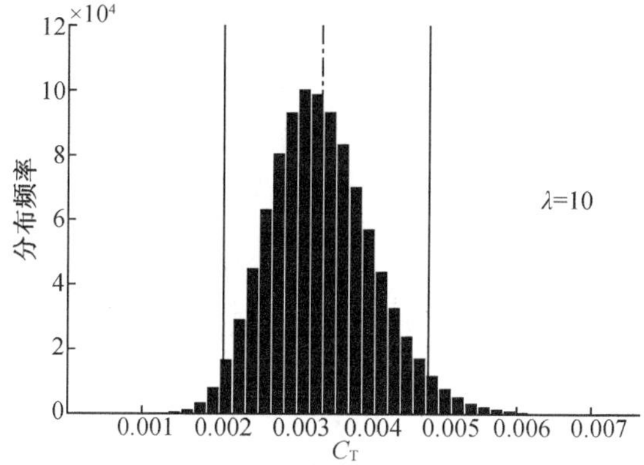

(c)λ=10

图 8.4(续)

由于每个算例的组距不变,因此在上面的直方图中,直接用长方形的高表示一个范围内的频数(样本数),宽表示这个连续的范围。3 条竖线分别表示样本的均值和 95% 置信概率对应的包含区间的上下两个端点。从图 8.4 中可以看到,输出量的频数分布是不对称的,这表示总阻力系数 C_T 的概率密度函数是不对称的,并且这种不对称性会随着输出量不确定度的增大而变得更明显。这种情况下,输出量分布函数形状与正态分布函数有一定的偏离,如果想继续使用 GUM 方法来进行不确定度的分析,则需要使用基于蒙特卡洛法的程序进行检验。

8.4.2 用蒙特卡洛法验证 GUM 方法的结果

根据上一节的计算结果,使用 GUM 进行阻力试验不确定度评定的结果为

$$u(C_T)=0.068\times10^{-3} \tag{8.46}$$

按照 $u(C_T)$ 有 1 位有效数字来设置数值容差 δ,即 $n_{dig}=1$,得

$$u(C_T)=7\times10^{-5}, c=7, l=-5$$

$$\delta=\frac{1}{2}\cdot10^{-5}=0.000\,005 \tag{8.47}$$

本节通过蒙特卡洛法来验证 GUM 法的结果,判定的条件为两种方法得到的区间端点的绝对偏差是否均小于数值容差,即

$$\begin{aligned} d_{low} &= |(y-U_p)-y_{low}| \\ d_{high} &= |(y+U_p)-y_{high}| \end{aligned} \tag{8.48}$$

计算机上的自适应程序共模拟了 7.1×10^5 次,得到的结果见表 8.7。

表 8.7 蒙特卡洛法自适应程序计算结果(阻力试验)

C_T (10^{-3})	u (10^{-3})	y_{low} (10^{-3})	Y_{high} (10^{-3})	d_{low} (10^{-5})	d_{high} (10^{-5})	δ (10^{-5})
3.341 7	0.068 1	3.207 8	3.474 9	0.28	0.21	0.5

可以发现上下两处端点值的绝对偏差均小于设置的数值容差,因此 GUM 方法对本次实海域阻力试验不确定度分析是适用的。

两者的输出量概率分布如图 8.5 所示,其中实线表示蒙特卡洛法得到的包含区间的端点[3.208,3.475],而虚线对应 GUM 法的区间端点[3.205,3.477]。可以看出,两者的匹配程度较高,其中 GUM 方法得到的结果较为保守,同时最佳估计值的结果比公式计算的总阻力系数的结果稍大,这可能是因为在泰勒展开式中忽略了高阶项的影响。

根据蒙特卡洛法的模拟结果,该工况下总阻力系数可以表达为

$$\begin{aligned} C_T &= 3.341\,7\times10^{-3}\times(1\pm4.073\%)\quad(p=0.95) \\ &= 3.341\,7\times10^{-3}\pm0.136\,1\times10^{-3} \end{aligned} \tag{8.49}$$

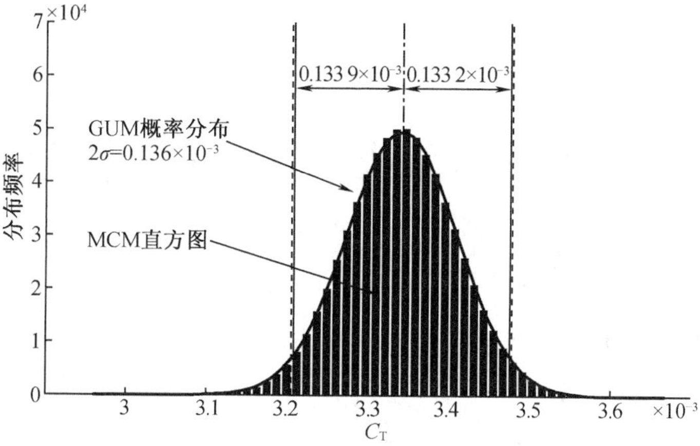

图 8.5　GUM 法与蒙特卡洛法(MCM)法结果比较

8.5　本章小结

本章主要是对实海域的大尺度船模阻力试验进行了不确定度分析。首先选取了 ITTC 的新旧规程,分别是基于 AIAA 和 GUM 的泰勒公式法对试验中的各个误差源进行了分析,对比了两者评定结果的异同。然后根据不确定度结果,提出了提升测试准确度的一些方法。最后使用了基于蒙特卡洛法的自编程序进行了试验不确定度的数值模拟,对 GUM 方法的可行性进行了验证。

第 9 章　实海域船舶自航试验不确定度分析

与水池试验相同,实海域的自航试验的不确定度分析需要考虑船模的几何构造、设备安装及相关量的测量等方面的不确定性,这部分的分析可以采用泰勒级数方法。由于试验在真实海况下进行,因此需要考虑环境中风、浪、流的干扰。这些因素在整个试验过程中的波动有很强的非线性特征,并且相关的修正公式较复杂,因此本章采用蒙特卡洛法对这部分内容进行不确定度评定。

9.1　实海域船舶自航试验分析方法

自航试验的数据处理参考了 ISO 15016:2015 的实船测速试验标准与数据修正方法,该方法与 ITTC 2017 推荐的船舶速度功率试验规程类似,如图 9.1 所示,可以分为以下几部分:

(1)试验前期需要完成调整船模浮态、标定测量仪器、清洁船壳及附体等准备工作;

(2)试验中有关船模的需要测量记录的数据有航速、推力、扭矩和转速;

(3)根据测量的风、浪和水温密度参数,对船模阻力进行修正;

(4)根据流和水深对航速进行修正;

(5)对船模排水量进行修正,在本试验中此项不考虑;

(6)用修正后的数据对船模相关水动力性能进行预报。

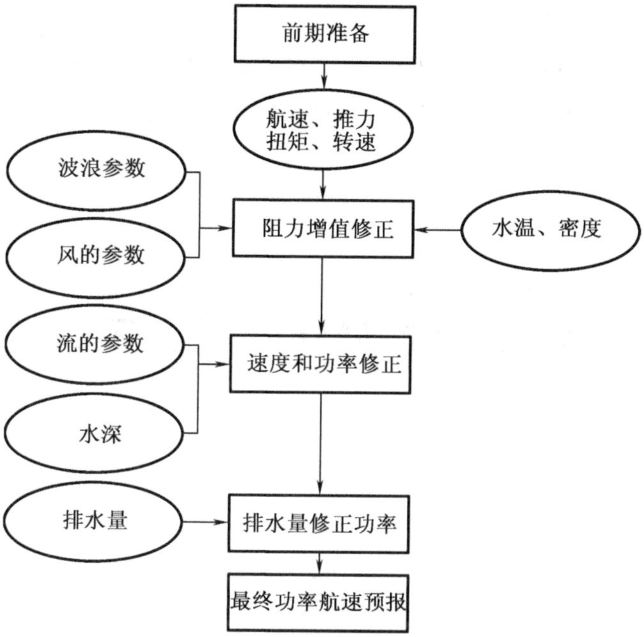

图 9.1　实海域自航试验修正方法

9.2　船模基本条件

船模条件的不确定度已经在第 4 章中做了说明，主要分为以下几部分。

（1）在每次出海试验之前，需要先在码头里调整船模浮态，一般要求排水量的相对误差不大于 2%。本次试验中船模排水量的估计误差为 1 t，相对整体的偏差在 1% 左右。若排水量的误差大于规定要求的值，功率可由以下公式修正，即

$$P_2 = P_1 \cdot \left(\frac{\nabla_2}{\nabla_1}\right)^{2/3} \tag{9.1}$$

式中，P_1 和∇_1为实海域自航试验中在某一速度下的功率和排水量；P_2 和∇_2为拖曳水池试验所对应的值。

（2）船模的纵倾条件对于试验的进行是比较重要的参数，但不计入最后的不确定度评估范围，一般纵倾小于垂线间长的 0.1%，艏吃水偏差在 ±0.1 m 范围内

即可认为符合试验要求。

(3)在船舶航行试验过程中,船体粗糙度或海洋生物的生长会显著增加船舶的阻力。目前对这方面还没有准确的修正方法,因此在试验前需要仔细地检查船体和螺旋桨的情况。本试验中的船模自下水到自航试验周期间隔较短,在试验中期更换节能附体时可以观察到螺旋桨表面保持得较为光顺,因此可以忽略粗糙度的影响。

9.3 船模轴系测量仪器的不确定度

本试验中轴系的扭矩和推力均由特制的自航仪测得,其中扭矩的测量装置采用的是 T40B 数字扭矩传感器,测量精度为 0.25 N·m。推力使用的两个力传感器与阻力试验所使用的规格相同,单个传感器的测量精度为 2 N。轴系电机采用西门子电机,具有较高的精度,转速的精度为 0.5 r/min。轴系中各参数的标准不确定度可以表示为

$$\begin{gathered} u(Q)=0.25/3=0.083\ \mathrm{N\cdot m} \\ u(T)=4/3=1.3\ \mathrm{N} \\ u(n)=0.5/3=0.167\ \mathrm{r/min} \end{gathered} \tag{9.2}$$

9.4 外界环境的修正不确定度

根据仪器采集的结果,本试验中海洋环境参数见表 9.1。

表 9.1 海洋环境参数

转速/($\mathrm{r\cdot min^{-1}}$)	航向角/(°)	相对风速/($\mathrm{m\cdot s^{-1}}$)	相对风向/(°)	有义波高/m
200 − 1	65	4	140	0.14
250 − 1	65	4	140	0.14

表 9.1(续)

转速/($r \cdot min^{-1}$)	航向角/(°)	相对风速/($m \cdot s^{-1}$)	相对风向/(°)	有义波高/m
300 - 1	65	4	140	0.14
200 - 2	-115	5	40	0.14
250 - 2	-115	5	40	0.14
300 - 2	-115	5	40	0.14

9.4.1 风阻的不确定度

船舶受风的影响而增大的阻力可以由式(9.3)计算:

$$R_{AA}=0.5\rho_A \cdot C_{AA}(\psi_{WRref}) \cdot A_{XV} \cdot V_{WRref}^2-0.5\rho_A \cdot C_{AA}(0) \cdot A_{XV} \cdot V_G^2 \quad (9.3)$$

式中,R_{AA}为风阻;ρ_A为空气的质量密度,可取$\rho_A=1.226\ kg/m^3$;A_{XV}表示船体水线以上部分在横向的投影面积,可根据模型三维图估计$A_{XV}\approx 8.7\ m^2$;V_{WRef}和V_G分别表示相对风速和船的航速;$C_{AA}(\psi_{WRef})$为风阻系数,ψ_{WRef}表示相对风向,0°时表示船舶迎风航行。根据 ITTC 建议,风阻系数可以由风洞模型试验、相似船舶的数据库、CFD 模拟以及回归公式这几种方法得到。本书选取了轻便型散货船的数据,分别利用 30° ~ 80° 与 120° ~ 170° 的数据插值得到风阻系数的两条拟合曲线的方程,即

$$C_{30°\sim80°}=-0.000\ 008\ 15\psi^3+0.001\ 369\ 44\psi^2-0.060\ 379\ 63\psi+0.248\ 333\ 33$$
$$C_{120°\sim170°}=-0.000\ 000\ 37\psi^3-0.000\ 060\ 32\psi^2+0.052\ 068\ 78\psi-4.651\ 428\ 57 \quad (9.4)$$

通过分析风速风向仪得到的数据,并参考相关文献资料,可以假定参数中的风速服从正态分布,精度为 ±0.5 m/s,风向服从均匀分布,精度为 ±10°,得到两次试验的输入量分布见表 9.2。

表 9.2 风速输入量分布

输入量	相对风速	相对风向
run - 1	N(4,0.5)	R(130,150)
run - 2	N(5,0.5)	R(30,50)

使用蒙特卡洛程序模拟得到的结果见表9.3。

表9.3　蒙特卡洛程序模拟得到的结果(250 r/min)

	最佳估计值/N	标准差/N	包含区间前端	包含区间后端
250-1	44.7	11.6	23.5	67.4
250-2	-50.3	15.1	-80.2	-22.2

图9.2为第2次试验中,螺旋桨转速为250 r/min时船模受到的风阻分布直方图。从图中可以看出风阻的概率密度函数呈现出轻微的不对称性。95%概率的包含区间内,两个端点与均值间的距离相近。因此两次试验的风阻可以分别表示为

$$R_{AA}(1)=[44.7-21.2,44.7+22.7]\quad (p=0.95)$$
$$R_{AA}(2)=[-50.3-29.9,-50.3+28.1]\tag{9.5}$$

对比频数分布直方图与具有相同均值和标准差的正态分布曲线,可以观察到两者的图形偏差较小且包含区间相近,因此为了便于总不确定度的计算和数据的统计,可以将风阻的分布函数近似成正态分布,可以表示为式(9.6):

$$R_{AA}(1)=44.7\pm 23.2\quad (k=2)$$
$$R_{AA}(2)=-50.3\pm 30.2\tag{9.6}$$

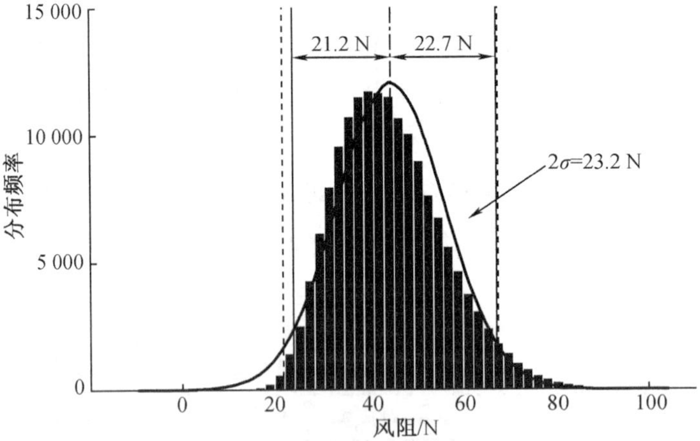

图9.2　风阻分布直方图(250-2)

可以观察到,正态分布曲线中对应95%包含概率的区间比模拟值稍大,这意

味着近似方法使得不确定度的结果变得保守。分别对各个工况下的船模风阻进行模拟,得到两组自航试验的风阻扩展不确定度($k=2$)见表 9.4。

表 9.4 风阻扩展不确定度($k=2$)

	R_{AA}/N	$U(95\%, k=2)$	$U\%(95\%, k=2)$
200－1	41.8	23.2	55.6%
250－1	44.7	23.2	51.9%
300－1	48.0	23.1	48.1%
200－2	－56.6	30.0	53.0%
250－2	－50.3	30.2	60.0%
300－2	－45.7	30.2	66.1%

从表 9.4 中可以看出,自航试验风阻的相对扩展不确定度很大,这一方面是仪器的测量精度造成的,经过多次模拟发现,选择测量风速精度较高的测量仪器对试验精确度的提高帮助更大。另一方面,风阻的测量不确定度大小与风阻本身的数值关系不大,这意味着当船模本身的风阻增大时,相对的测量不确定度能够有效地降低。通过模拟计算发现,对于本试验的船模及其所在的海况环境,当航速到达 7 m/s以上时,风阻的相对扩展不确定度能够控制在 20% 以内;当航速到达 8.5 m/s 以上时,风阻的相对扩展不确定度能够控制在 10% 以内。

总的来说,仪器设备的精度提高对风阻的测量有帮助但却有限,因为精度的提高受到建造工艺的影响,而目前大多数风速风向仪的测量能力特别是在风向角度的测量上都不够准确。同时,因为自然环境中的风速和风向本身是变化波动的,所以这类不确定度是客观存在的,并且在到达一定的值后很难减小。更优的方法是提高模型本身的风阻,然而考虑船模试验的工况是由实船的功率性能换算得到,所以只能够增加船模的尺度。更大尺度的船模拥有更大的横截面面积和更高的航速,能拥有更大的风阻力,从而能够有效地提高风阻的测量准确性。

9.4.2 波浪增阻的不确定度

ISO 15016:2015 提供了波浪增阻的几种计算方法,包括 STWAVE－1(简化修正法)、STWAVE－2(频率响应函数的经验修正法)、简化水池试验的理论方法及耐波性试验法。在本次自航试验中，航行海域的海况条件较为温和，根据浪高仪的实时测量结果，船舶遭遇的波浪为高频短波。在这种情况下，由波浪引起的船体运动增阻影响可以忽略，此时的附加阻力主要由船体在水线上的波反射造成，则可以选用 STWAVE－1 法进行波浪增阻的估算，即

$$R_{\mathrm{AWL}} = \frac{1}{16}\rho_s g H_{\mathrm{W1/3}}^2 B \sqrt{\frac{B}{L_{\mathrm{BWL}}}} \tag{9.7}$$

式中，ρ_S 为海水密度，取 1 026 $\mathrm{kg/m^3}$；g 取 9.80 $\mathrm{m/s^2}$；$H_{\mathrm{W1/3}}$ 为有义波高，为 0.14 m；B 为船模型宽，取 4.04 m；L_{BWL} 为船首水线位置到达 95% 船宽处的距离，如图 9.3 所示，测量值为 2.51 m。经传感器测量，船首处的垂直加速度为 0.18 $\mathrm{m/s^2} < 0.05g = 0.49\ \mathrm{m/s^2}$，纵倾和俯仰符合公式条件。在波浪增阻修正中，一般只考虑浪向角在航向角 ±45°内的扇形区域，若浪向在此区域以外，则不考虑波浪增阻。在本次试验中，只有第 2 组试验的浪向角度符合修正的要求，因此第 1 组试验的波浪增阻为 0。

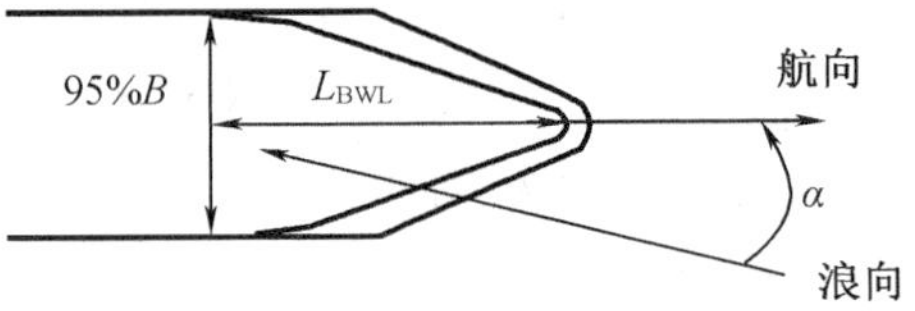

图.3　船首水线位置到达 95%船宽处的距离

根据浪高仪的测量精度，定义输入量中 $H_{\mathrm{W1/3}}$ 的分布为 N(0.14，0.02)，其他参数包括海水密度及船模型值的不确定度很小，都可以认为是定值，用蒙特卡洛程序模拟得到的结果见表 9.5。

表 9.5　蒙特卡洛程序模拟得到的结果(run－2)

	最佳估计值/N	标准差/N	包含区间前端	包含区间后端
run－2	64.4	18.1	30.3	100.2

得到的频数分布直方图如图 9.4 所示。

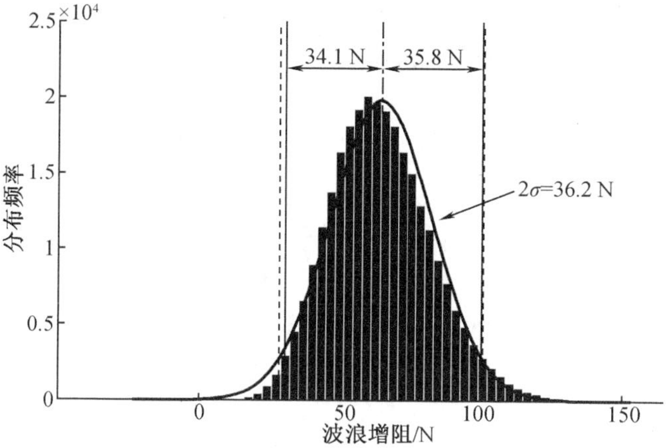

图 9.4　波浪增阻分布直方图(run-2)

对比直方图和正态分布曲线,可以观察到直方图的峰值向左偏移,这可能与波浪增阻的非负性有关。考虑到两者的图形偏差较小且包含区间相近,因此可以将波浪增阻的分布函数近似为正态分布,则其在95%置信概率内可以表示为

$$\begin{aligned} R_{\mathrm{AWL}} &= 64.4 \pm 36.2 \quad (k=2) \\ &= 64.4 \times (1 \pm 56.2\%) \end{aligned} \tag{9.8}$$

这里假设了波浪增阻的分布符合正态分布,并用扩展不确定度的方式对其进行表示,主要是为了方便之后各输入量对总不确定度影响的研究。实际上,对于不对称分布的函数,扩展不确定度的概念是无意义的。通常对于此类函数,只需给出输出量的估计值、标准不确定度及95%概率对应的最短包含区间,来表达不确定度评定结果。

此外,本次波浪增阻的相对标准不确定度约为56.2%,这说明波浪增阻的测量不确定度是很大的。客观地说,用本试验中的浪高仪去测量0.14 m的有义波高本身是比较难保证精度的,这主要是由于本次试验场地为近海,且试验当天的海况条件非常温和。需要注意的是STWAVE-1法只考虑了有义波高的影响,这与船模实际受到的波浪阻力可能会有一定的差距,特别是在较为强烈的海况下。如果想要获得更为精确的值,一方面可以在波浪较为明显的环境进行试验(但须考虑静水自航的条件),此时应考虑模型的尺度大小;另一方面可以选用除STWAVE-1法外的波浪增阻估算方法,综合考虑波向、周期等因素,可能会获得更为精确的结果。

9.4.3 水温及密度的影响

水的温度和密度都会影响水的黏度，从而影响船模所受的阻力。自航试验中的预测计算通常是基于15 ℃的水温和1 026 kg/m³ 对应的黏度 $1.189\ 2\times10^{-6}\ m^2/s$，本次试验测得的海水温度为16.8 ℃，因此需要进行修正。海水温度和密度对阻力的影响可以由式(9.9)表示：

$$R_{AS}=R_{T0}\left(\frac{\rho_S}{\rho_{S0}}-1\right)-R_F\left(\frac{C_{F0}}{C_F}-1\right)$$

$$R_F=\frac{1}{2}\rho_S S V_S^2 C_F$$

$$R_{F0}=\frac{1}{2}\rho_{S0} S V_S^2 C_{F0}$$

$$R_{T0}=\frac{1}{2}\rho_{S0} S V_S^2 C_{T0} \tag{9.9}$$

式中，C_F 为实际水温和水密度的摩擦阻力系数；C_{F0} 和 C_{T0} 分别为参考水温和水密度下的摩擦阻力系数和总阻力系数；R_F 为实际水温和水密度的摩擦阻力；R_{F0} 和 R_{T0} 分别为参考水温和水密度下船模的摩擦阻力和总阻力；S 为湿表面积，V_S 为船模航速；ρ_S 和 ρ_{S0} 分别为实际和参考水温与含盐量下的海水密度。本次试验的各参数由ITTC 1978 公式计算，见表9.6。

表9.6 水温和密度修正参数

	$\rho_S/(kg\cdot m^{-3})$	C_{F0}	C_{T0}	R_{T0}/N
200 - 1	1 025.63	0.002 598	0.008 529	852.21
250 - 1	1 025.63	0.002 491	0.007 663	1 297.47
300 - 1	1 025.63	0.002 419	0.007 769	1 911.02
200 - 2	1 025.63	0.002 454	0.004 303	880.55
250 - 2	1 025.63	0.002 354	0.003 759	1 314.55
300 - 2	1 025.63	0.002 305	0.004 152	1 911.39

其中输入量水温的分布为正态分布，水的密度和黏度关于温度的变化使用在阻力试验中的插值函数，即

$$\rho = 1\ 028.18 - 0.061\ 3t - 0.005\ 9t^2 + 0.000\ 03t^3$$
$$\nu = (1.799\ 52 - 0.050\ 543t + 0.000\ 657t^2) \times 10^{-6} \tag{9.10}$$

用蒙特卡洛程序模拟得到的结果见表9.7。

表9.7 蒙特卡洛程序模拟得到的结果(200-1)

	最佳估计值/N	标准差/N	包含区间前端	包含区间后端
200-1	-2.23	0.12	-2.47	-1.99

得到的频率分布直方图如图9.5所示。

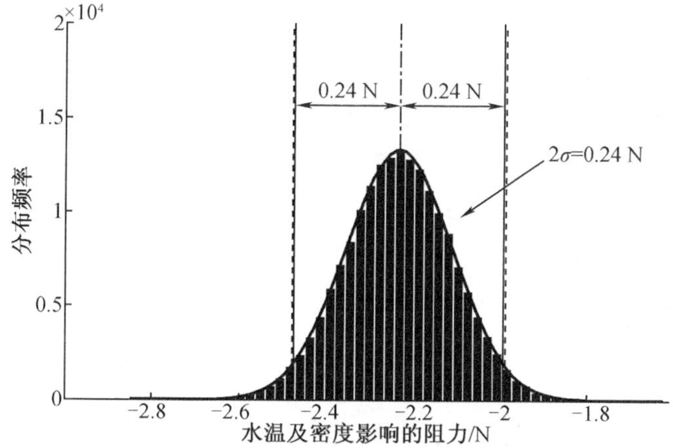

图9.5 水温及密度影响的阻力分布直方图(200-1)

从图9.5中可以看出水温及密度产生的阻力分布直方图与正态分布曲线吻合得很好,95%概率的包含区间内,两个端点与均值间的距离几乎相等。因此相关的阻力可以表示为

$$\begin{aligned} R_{AS} &= -2.23 \pm 0.24 \quad (k=2) \\ &= -2.23 \times (1 \pm 10.8\%) \end{aligned} \tag{9.11}$$

分别对各个工况下的试验进行模拟,得到两组自航试验的由水温和密度影响的阻力的扩展不确定度($k=2$)见表9.8。

表 9.8　水温和密度影响的阻力的扩展不确定度($k=2$)

	R_{AS}/N	U(95%, $k=2$)	U%(95%, $k=2$)
200-1	-2.23	0.24	10.8
250-1	-3.58	0.39	10.9
300-1	-5.03	0.55	10.9
200-2	-3.98	0.43	10.8
250-2	-6.40	0.69	10.8
300-2	-8.28	0.89	10.7

从表 9.8 中看出，由海水温度及密度引起的阻力不确定度随着转速的增加而增大，但阻力本身的相对扩展不确定度基本维持在 10.8% 左右，这是由温度计的测量精度造成的。这个不确定度的数值并不算小，且从仪器的角度不容易减小。但考虑由海水温度及密度引起的阻力本身较小，因此对船模总阻力的影响不大。

9.4.4　浅水效应对速度的影响

浅水效应的影响可以用式(9.12)表示：

$$\frac{\Delta V}{V_S}=0.1242\left(\frac{A_M}{h^2}-0.05\right)+1-\left(\tanh\frac{gh}{V_S^2}\right)^{1/2} \tag{9.12}$$

式中，A_M 为船模水线面面积；h 为试验海域的水深；V_S 为船模速度；ΔV 为浅水效应对速度的影响。本次试验的场所通过海图选择区域，再根据当天的潮汐数据加以分析判断，可以认为海域的水足够深。由于没有对整个区域的水深进行测量，因此不考虑浅水效应的影响，水深的测量可以用专业的测深仪或简单的铅锤法进行测量。浅水效应的不确定度主要由船模速度和水深的测量不确定度决定。

9.4.5　海流对速度的影响

本次自航试验采用 ITTC 推荐的“MOM”试验方法，该方法假设当前海流的速度变化与时间呈抛物线关系，船模的速度可以表示为

$$V_S=\frac{V_{G1}+3V_{G2}+3V_{G3}+V_{G4}}{8} \tag{9.13}$$

式中，V_S 表示修正后的船模对水速度；V_{G1}、V_{G2}、V_{G3}、V_{G4}分别为试验中测得的每一个功率下的4个对地速度。

选取第2组试验数据，对船模航速进行修正。本次试验中的速度全部由GPS测得，根据它的测量精度，用泰勒公式法计算海流对速度的不确定度的影响，见表9.9。

表9.9 航速的扩展不确定度($k=2$)

run-2	$V_S/(m \cdot s^{-1})$	$U(95\%, k=2)$	$U\%(95\%, k=2)$
200	1.27	0.02	1.6
250	1.63	0.02	1.2
300	2.02	0.02	1.0

可以看出，由于只考虑了速度的系统误差，因此各个航速下的扩展不确定度只与GPS的测量精度有关，因此随着船模航速的增加，海流对速度的不确定度影响会减小。

9.5 自航试验结果

本次自航试验的目的之一是判断船舶的推进性能。为了表达推进系统中总的水动力性能，在船舶推进中，船的有效功率 P_E 与螺旋桨的收到功率 P_{DB} 的比，称为推进效率 η_D，即

$$\eta_D = \frac{P_E}{P_{DB}} = \frac{R_x V_S}{2\pi n Q} \tag{9.14}$$

式中，$R_x = R + \Delta R$，由船模阻力试验测得的阻力值与自航试验中的修正值相加得到；$\Delta R = R_{AA} + R_{AWL} + R_{AS}$表示该修正值包括风、波浪和海水特性引起的阻力变化。整理前几节不确定度的计算结果，选取第2组航行试验数据，将推进系数中各参数的分布归纳至表9.10。本章仅对自航试验进行不确定度评估，因此其中阻力部分不考虑大尺度船模阻力试验的不确定度。另一方面，该阻力值也可以用拖曳水池

的阻力试验数据换算得到。

表 9.10 推进系数中输入参数分布

$n/(\mathrm{r \cdot s^{-1}})$	$V_S/(\mathrm{m \cdot s^{-1}})$	R_x/N	$Q/(\mathrm{N \cdot m})$
N(200,0.167)/60	N(1.27,0.01)	N(416.9,23.51)	N(53.25,0.083)
N(250,0.167)/60	N(1.63,0.01)	N(662.1,23.57)	N(79.76,0.083)
N(300,0.167)/60	N(2.02,0.01)	N(1 000.4,23.58)	N(117.88,0.083)

用蒙特卡洛程序模拟得到的计算结果见表 9.11。

表 9.11 推进效率 η_D 的扩展不确定度($k=2$)

run - 2	η_D	$U(95\%, k=2)$	$U\%(95\%, k=2)$
200	0.474 7	0.054 09	11.39
250	0.516 8	0.037 38	7.23
300	0.545 7	0.026 29	4.82

从表 9.11 中可以看出,在螺旋桨转速为 200 ~ 300 r/min 时,推进效率的不确定度为4.8% ~11.4%,且随着航速的增加,不确定度显著减小。需要注意的是,由于是单次试验,本书中自航试验的不确定度评估主要使用 B 类不确定度的评估方法,其他如环境引起的在试验中的数据波动影响(随机误差)不考虑在内。

图 9.6 表示转速为 200 r/min 时,推进效率 η_D 的分布直方图。

图 9.7 中展示了推进系数中各部分的不确定度占比,从图中可以看出,阻力修正造成的影响是最主要的,达到了 98%,而其中波浪增阻与风阻之和占据了阻力修正不确定度的 99%。

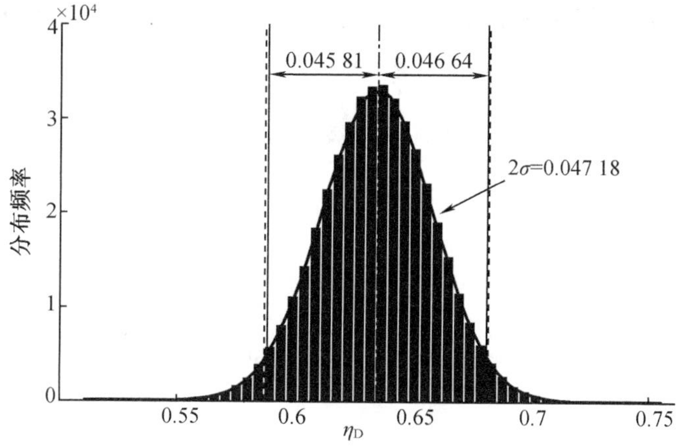

图 9.6 推进效率 η_D 的分布直方图(200 r/min)

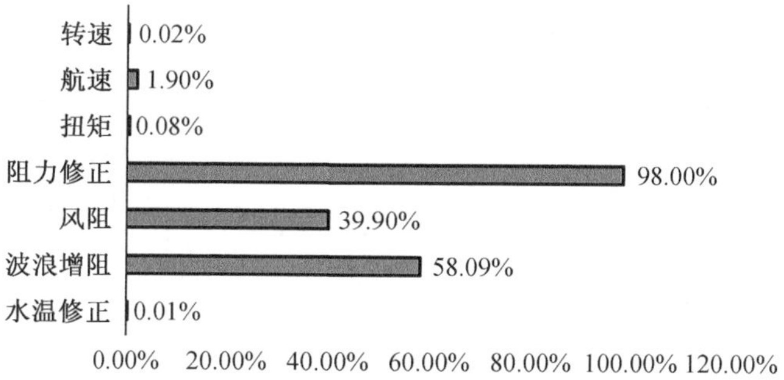

图 9.7 推进系数中各部分的不确定度占比

9.6 本 章 小 结

本章对实海域的大尺度船模自航试验进行了不确定度分析，主要针对试验时船模所遭遇的环境影响进行了研究。结果表明，在最后推进系数的计算中，波浪和风是影响其不确定度的主要因素。根据评估结果，要想提高试验准确度，一方面，可以提高风速风向和波浪信息采集仪器的测量精度;另一方面,可以提高船舶的航速或增加模型的尺寸(针对风阻)。因此,在经济允许的情况下,建造尺度更大、航速更高的船模可能是提高试验准确性的最好方法。

第 10 章　结论与展望

10.1　结　　论

实海域大尺度船模性能测试作为一种新的测试技术，在解决船模尺度效应、模拟实船航行条件等问题上具有很大优势。本书详细介绍了实海域 25 m 大尺度船模性能测试与分析技术，包括阻力、自航试验方案的设计和论证、自航试验平台的建设、测试系统的搭建、测试数据的不确定度分析等，构建了大尺度船舶实海域综合测试系统，建立了实海域综合测试方法。通过该次海试试验，成果及主要结论如下。

(1)作为国内首次尝试在实海域中开展 25 m 大尺度船模性能测试的试验任务，本书提出并论证了在实海域开展船模阻力试验的试验方案，制订了船模阻力与自航性能测试的具体实施流程，建立了可靠的数据采集分析技术等。研究成果可为分析实船环境适应性、开发优良船型、研究舰船作战和安全性能等提供宝贵的经验和技术支持。

(2)本书设计研发了具有自主知识产权的断轴式自航仪，可以实现船舶自航状态下螺旋桨推力、扭矩的高精度、稳定测量，将来可为大型化模型(百吨级以上)螺旋桨水动力参数的测量提供有力的技术支持，大幅提升了我国大尺度船模实海域自航试验的综合测试及研究能力。

(3)本书提出了一种基于递归神经网络(RNN)中的长短期记忆(LSTM)模型和门控制循环单元(GRU)模型的船舶运动实时预测算法，该算法能够准确预测实海域大尺度船模的加速度时历数据，预测值与真实值之间的均方根误差均不超过 0.1。同时，优化后的多变量时序预测程序可比单变量时序预测程序减少约 55% 的计算时间，且 GRU 模型的运行速度均较优，在船舶运动实时预测方面具有良好的应用前景。

(4)本书通过对比 AIAA 和 GUM 两种试验不确定度分析方法,发现其中的本质都是基于泰勒展开的简化公式来定义物理简缩方程中的不确定度分量。相对来说,GUM 方法的评定依据更加严谨和规范。本书提出了基于蒙特卡洛法的不确定度评定方法,对于实海域的复杂环境,蒙特卡洛法具有比传统理论方法更强的计算可行性和可靠性。

(5)通过对实海域大尺度船模自航试验的不确定度分析发现,在最后推进系数的计算中,波浪和风是影响其不确定度的主要因素。根据评估结果,要想提高试验准确度,一方面,可以提高风速风向和波浪信息采集仪器的测量精度;另一方面,可以提高船舶的航速或增加模型的尺寸(针对风阻)。因此,在经济允许的情况下,建造尺度更大、航速更高的船模可能是提高试验准确性比较好的方法。

实海域船模快速性综合测试系统是多元化的。基于本系统,可以继续开展复杂工况下的耐波性和操纵性等常规试验,也可以安装相关设备,进行舰船水下爆炸和螺旋桨激振力测试等特种试验。希望未来有更多的船模投入到实海域船模综合测试系统中,以丰富试验数据,并验证和优化试验结果的处理方法与试验方案,我们相信在不久的将来会有更多令人惊喜的结果。

10.2　实海域大尺度船舶测试的发展方向

船舶与海洋工程装备的发展离不开基础试验测试技术的突破。当前,国际聚焦于海洋结构物的宏观响应与微观流场结构的对应关系,从势流、单相流、定常、线性问题转变到黏流、多相流、非定常、非线性问题,从理想环境中的单项性能研究转变到真实环境下的多学科综合性能研究,这就对试验测试技术提出了很高的要求。在此基础上,结合未来十年我国海洋工程装备和高技术船舶发展需求,本书就实海域试验测试技术未来发展方向提出几点想法。

(1)大尺度船模性能测试及相关性分析技术

测试方面:①大尺度船模测试仪器向小型化和集成化发展;②航行性能测量向高精度发展;③航行海况监测向实时方向发展;④航行性能测量由短期测量向长期监测方向发展。

分析技术方面:①基于“卫星定位”的大尺度船模航速和航行轨迹测量的技术;②基于雷达波的实际海况测量技术;③大尺度船模船体表面速度场、压力场的测量方法和设备;④大尺度船模推进器非定常力、脉动压力等测量的高精度;⑤螺旋桨空泡观察方法及测试设备的小型化;⑥推进器辐射噪声的测量与分析技术;⑦基于数值仿真、模型试验、大尺度船测量、实船数据的相关性分析技术。

(2)大尺度船模振动噪声测量与分析技术

①向多功能、高精度、实时性方向发展;②在舰船振动噪声测量方法上,向规范化方向发展;③逐步构建舰船振动噪声技术档案和数据库,为改进舰船声隐身设计服务;④由辐射噪声总级测量向单机噪声测量发展。

(3)大尺度船模声学特征监控技术

①由单一传感器向多种传感器和大容量网络技术方向发展;②由单一功能的监测向具备机械状态监测、平台噪声监测、总船噪声监测、舰艇隐身态势评估、舰艇声学状态自动控制等更加全面功能的方向发展。

(4)大尺度船模艉流特征分析技术

①向精度更高的艉流特征分析技术发展;②向全面建立艉流数据库发展;③向浅表层艉流特征分析技术发展。

(5)实海域水下航行器性能测量分析技术

①实海域潜航器精确轨迹跟踪定位技术;②实海域目标识别跟踪测试;③潜器总能效分析;④潜器声电磁辐射信息测量。

参考文献

[1] LJULJ A, SLAPNICAR V. Seakeeping performance of a new coastal patrol ship for the croatian navy[J]. Journal of Marine Science and Engineering, 2020, 8(7): 518.

[2] CAMILLERI J, TAUNTON D J, TEMAREL P. Full-scale measurements of slamming loads and responses on high-speed planing craft in waves[J]. Journal of Fluids and Structures, 2018, 81(8): 201 - 229.

[3] YOKOI T, SHOJI R, TAMARU H, et al. A mechanism on parallel processing to numerical weather prediction for weather routing [C] // Proceedings of Asia Navigation Conference, 2009: 225 - 232.

[4] TSUKADA Y, HINATSU M, MINAMI Y. Evaluation of ship propulsive performance in actual seas based on analysis of full-scale data[J]. Proceeding of 4th Osaka Colloquium on Seakeeping Performance of Ship, 2000(233): 23 - 28.

[5] KAYANO J, YABUKI H, SASAKI N, et al. A study on the propulsion performance in the actual sea by means of full-scale experiments[J]. TransNav: International Journal on Marine Navigation and Safety of Sea Transportation, 2013, 7(4):521 - 526.

[6] 郁荣,马向能,孙大鹏. 大尺度水下综合试验模型拖曳运动特性研究[J]. 船海工程, 2012, 41(1): 1 - 5.

[7] 杨仁友. 综合试验平台线型初步方案与缆绳载荷初步分析报告[R]. 无锡:中国船舶科学研究中心,2010.

[8] 任凯,浦金云. 破损舰艇拖航稳度分析[J]. 船舶,2007(2): 16 - 19.

[9] 杨建民, 肖龙飞, 盛振邦. 海洋工程水动力学试验研究[M]. 上海:上海交通大学出版社,2008.

[10] 陈少峰,高丽瑾,恽秋琴,等. 基于百吨级自航模的试验平台建设与应用[J]. 舰船科学技术, 2018,40(7):36 - 41.

[11] 韦朋余,赵峰. 船舶力学基础试验测试技术的发展现状与趋势探讨[C]//中国造船工程学会. 船舶力学学术委员会测试技术学组2016年学术会议论文集,2016:1-7.

[12] JIAO J L,REN H L,SUN S Z,et al. Investigation of a ship's hydroelasticity and seakeeping performance by means of large-scale segmented self-propelling model sea trials[J]. Journal of Zhejiang University-Science A, 2016, 17(6): 468-484.

[13] 张亮, 李云波. 流体力学[M]. 哈尔滨:哈尔滨工程大学出版社,2006.

[14] 俞湘三,陈泽梁,楼连根,等. 船舶性能实验技术[M]. 上海:上海交通大学出版社,1991.

[15] 赵峰. 实际海浪环境下船模运动性能物理仿真试验研究[D]. 哈尔滨: 哈尔滨工程大学, 2008.

[16] 焦甲龙. 实际海浪环境中舰船大尺度模型运动与载荷响应试验研究[D]. 哈尔滨: 哈尔滨工程大学, 2016.

[17] 石松建. 实际海浪环境下大尺度模型物理仿真试验技术研究[D]. 哈尔滨: 哈尔滨工程大学, 2007.

[18] 赵劲草. 实际海浪环境下大尺度模型试验技术研究[D]. 哈尔滨: 哈尔滨工程大学, 2011.

[19] QUINTANA V, HOWELLS R A, HETTINGER L. User-centered design in a large-scale naval ship design program: usability testing of complex military systems—DDG 1000[J]. Naval Engineers Journal, 2007, 119(1): 25-33.

[20] 林洪志. 25 m船模实海域阻力试验技术和数值模拟研究[D]. 哈尔滨:哈尔滨工程大学,2019.

[21] 沈泓萃. ITTC及船舶水动力学研究方向与重点分析[C]//中国造船工程学会. 2008年船舶水动力学学术会议暨中国船舶学术界进入ITTC30周年纪念会论文集,2008:373-399.

[22] GRIGOROPOULOS G J, KATSAOUNIS G M. Measuring procedures for seakeeping tests of large-scaled ship models at sea[C]// Proceedings of the 13th IMEKO TC4 Symposium on Measurements for Research and Industrial Applications, 2004: 135-139.

[23] JUNG-EUN CHOI, Keh-SIK MIN. Study on the scale effects on the flow characteristics around a full slow-speed ship [C] // The 8th International

Conference on Numerical Ship Hydrodynamics, 2003.

[24] LEE S J, YU H C, KIM S P, et al. Analysis of full-scale hull girder loads of a container carrier and its simulation using a nonlinear seakeeping program[C]// Proceeding of the ASME 2010 29th International Conference on Ocean, Offshore and Arctic Engineering, 2010.

[25] GOURLAY T, KLAKA K. Full-scale measurement of containership sinkage, trim and roll[J]. Australian Naval Architect, 2007,11(2): 30 –36.

[26] CORADDU A, DUBBIOSO G, MAURO S, et al. Analysis of twin screw ships' asymmetric propeller behaviour by means of free running model tests[J]. Ocean Engineering, 2013, 68: 47 –64.

[27] FOSSATI F, BAYATI I, ORLANDINI F, et al. A novel full scale laboratory for yacht engineering research[J]. Ocean Engineering, 2015, 104: 219 –237.

[28] JIAO J, REN H, ADENYA C A. Experimental and numerical analysis of hull girder vibrations and bow impact of a large ship sailing in waves[J]. Shock and Vibration, 2015, 2015(4): 1 –10.

[29] JIAO J L, REN H L, SUN S Z, et al. Experimental investigation of wave-induced ship hydroelastic vibrations by large-scale model measurement in coastal waves[J]. Shock and Vibration, 2016, 2016(3):1 –14.

[30] JIAO J L, REN H L, SUN S Z, et al. A state-of-the-art large scale model testing technique for ship hydrodynamics at sea[J]. Ocean Engineering, 2016, 123: 174 –190.

[31] 李亮,王超,孙帅,等. 实船自航试验数值模拟及尺度效应分析[J]. 哈尔滨工程大学学报,2016,37(7):901 –907.

[32] GAO M, SHI G, LI S. Online prediction of ship behavior with automatic identification system sensor data using bidirectional long short-term memory recurrent neural network[J]. Sensors, 2018, 18(12): 4211.

[33] ZHONG C, JIANG Z, CHU X, et al. Inland ship trajectory restoration by recurrent neural network[J]. The Journal of Navigation, 2019, 72(6): 1359 –1377.

[34] BEŞIKÇI E B, ARSLAN O, TURAN O, et al. An artificial neural network based decision support system for energy efficient ship operations[J]. Computers &

Operations Research, 2016, 66: 393 -401.

[35] 程允丽，李传芹. 基于改进神经网络方法的船舶姿态高精度预报研究[J]. 舰船科学技术，2018，40(18)：37 -39.

[36] 黄为，李永刚，胡上成，等. 基于循环神经网络的船摇数据实时预测[J]. 科学技术与工程，2019，19(31)：222 -226.

[37] 楼梦瑶，王旭阳，陈瑞，等. 基于 NARX 神经网络的船舶升沉运动实时预测方法[J]. 中国舰船研究,2020,15(1):44 -55,67.

[38] SU Y, LIN J, ZHAO D, et al. Real-time prediction of large-scale ship model vertical acceleration based on recurrent neural network[J]. Journal of Marine Science and Engineering, 2020, 8(10): 777.

[39] ZHOU W X, LI B Q, HU Q, et al. EEDI-an important factor of green ship studied in China ship scientific research center[J]. Shipbuilding of China, 2011, 52(4): 13 -22.

[40] 刘卫斌，吴华伟. 不确定度在船舶实验流体动力学中的应用分析[J]. 中国造船,2004,45(B12)：30 -36.

[41] 吴宝山. 25th ITTC 不确定度分析委员会工作简要回顾[C]//中国造船工程学会. 2008 年船舶水动力学学术会议暨中国船舶学术界进入 ITTC 30 周年纪念会论文集 ，2008：353 -358.

[42] 孟昭寅. 船模拖曳阻力试验不确定度分析[J]. 船舶力学,1998(4)：7 -12.

[43] STERN F, MUSTE M, BENINATI M L, et al. Summary of experimental uncertainty assessment methodology with example[R]. [S. I.]:IIHR, 1999.

[44] 周广利，黄德波，李凤来. 船模拖曳阻力试验的不确定度分析[J]. 哈尔滨工程大学学报，2006，27(3)：377 -381,390.

[45] 马向能，孙张群，冯俊. 测量不确定度分析在操纵性试验中的应用[J]. 船舶力学，2004，8(5)：52 -61.

[46] 何术龙，陈玮琪，郭圣汉，等. 拖曳水池敞水试验的测量不确定度分析[C]//中国造船工程学会. 2004 年船舶水动力学学术会议论文集，2004:84 -93.

[47] 吴宝山. 船模水动力学试验中几何参数的不确定度分析研究[J]. 船舶力学，2007，11(3)：363 -372.

[48] UENO M, YOSHIMURA Y, TSUKADA Y, et al. Circular motion tests and uncertainty analysis for ship maneuverability[J]. Journal of Marine Science and

Technology, 2009, 14(4): 469 -484.

[49] 施奇,杨大明,尹赟凯. 拖曳水池船模阻力试验不确定度分析[J]. 江苏科技大学学报(自然科学版), 2010, 24(5): 428 -433.

[50] 史圣哲,郑亚雄. 潜艇标模阻力试验的不确定度分析[J]. 实验流体力学, 2015 (5): 65 -71.

[51] 史圣哲,汪小翔,吴彬,等. 船模静水横摇试验的不确定度分析[J]. 舰船科学技术, 2016, 38(1): 29 -33.

[52] PARK D M, LEE J, KIM Y. Uncertainty analysis for added resistance experiment of KVLCC2 ship[J]. Ocean Engineering, 2015, 95: 143 -156.

[53] DELEN C, BAL S. Uncertainty analysis of resistance tests in Ata Nutku ship model testing laboratory of Istanbul technical university[J]. Turkish Journal of Maritime and Marine Sciences, 2015, 2(1): 69 -88.

[54] NIKOLOV M C, JUDGE C Q. Uncertainty analysis for calm water tow tank measurements[J]. Journal of Ship Research, 2017, 61(4): 177 -197.

[55] 王彦春. 蒙特卡洛法评定测量不确定度的理解和应用[J]. 铁道技术监督, 2014, 42(12):13 -16.

[56] 刘伊凡. 基于蒙特卡罗方法的船舶能效建模仿真及研究[D]. 大连:大连海事大学, 2013.

[57] 王东霞. 特殊对象的测量数据误差处理与不确定度研究[D]. 南京:东南大学, 2015.

[58] 连春光. 基于蒙特卡洛模拟的造船项目投资风险分析[D]. 镇江:江苏科技大学, 2010.

[59] 李明辉. 基于蒙特卡洛法的水下对抗效能推演评估研究[D]. 北京:中国舰船研究院, 2014.

[60] MOLLOY S. Uncertainty analysis of ship powering prediction methods using Monte Carlo simulation [D]. Saint John:Memorial University of Newfoundland, 2006.

[61] INSEL M. Uncertainty in the analysis of speed and powering trials[J]. Ocean Engineering, 2008, 35(11 -12): 1183 -1193.

[62] WOODWARD M. Propagation of experimental uncertainty from force measurements into manoeuvring derivatives [C] // The 3rd International Conference on

Advanced Model Measurement Technology for the EU Maritime Industry,2013.

[63] WOODWARD M. Evaluation of inter-facility uncertainty for ship manoeuvring performance prediction[J]. Ocean Engineering, 2014, 88: 598 - 606.

[64] VRIJDAG A. Estimation of uncertainty in ship performance predictions[J]. Journal of Marine Engineering and Technology, 2014, 13(3): 45 - 55.

[65] GAVRILIN S, STEEN S. Uncertainty of sea trials results used for validation of ship manoeuvring simulation models[C]//Proceedings of the ASME 2015 34th International Conference on Ocean, Offshore and Arctic Engineering, 2015.

[66] GAVRILIN S, STEEN S. Uncertainty of full-scale manoeuvring trial results estimated using a simulation model[J]. Applied Ocean Research, 2017, 64: 281 - 289.

[67] ALDOUS L, SMITH T, BUCKNALL R, et al. Uncertainty analysis in ship performance monitoring[J]. Ocean Engineering, 2015, 110: 29 - 38.

[68] SEO D W, KIM M S, KIM S Y. Uncertainty analysis for speed and power performance in sea trial using Monte Carlo simulation[J]. Journal of the Society of Naval Architects of Korea, 2019, 56(3): 242 - 250.

[69] COLEMAN H W, STEELE W G. Experimentation, validation, and uncertainty analysis for engineers[M]. 4th ed. New York: John Wiley & Sons, 2018.

[70] 魏明明. 蒙特卡洛法与 GUM 评定测量不确定度对比分析[J]. 电子测量与仪器学报, 2018, 32(11): 17 - 25.

[71] 李积德. 船舶耐波性[M]. 哈尔滨: 哈尔滨船舶工程学院出版社,1992.

[72] 刘卫斌,吴华伟. 船模阻力试验不确定度评定改进技术研究[C]// 上海市社会科学界联合会. 2004 年船舶与海洋工程学术研讨会论文集,2004:29 - 36.

[73] 郝亚平. 船舶性能试验技术[M]. 北京:国防工业出版社,1991.

[74] 应业炬. 船舶快速性[M]. 北京:人民交通出版社,2007.

[75] 戴遗山, 段文洋. 船舶在波浪中运动的势流理论[M]. 北京:国防工业出版社,2008.